本書の特長と使い方

　本書は，各単元の最重要ポイントを確認し，基本的な問題を何度も繰り返して解くことを通して，中学英語の基礎を徹底的に固めることを目的として作られた問題集です。

　1単元2ページの構成です。

ボクの一言ポイント

数犬チャ太郎
（すうけん）

JN015777

第1章　1・2年の復習
1 文型①SVC

✔チェックしよう！

覚えよう　「～に見える」という文は〈look＋形容詞〉の語順。
They look happy.（彼らは幸せそうに見えます。）

「形容詞」とは，ものの様子や性質，状態を表す語のことだよ。

覚えよう　「～になる」という文は〈become＋形容詞〉や〈get＋形容詞〉の語順。
I become hungry around five.（私は5時頃空腹になります。）
She got sad when she heard the news.（彼女はその知らせを聞いたとき悲しくなりました。）

覚えよう　ほかに〈sound＋形容詞〉「～に聞こえる」，〈feel＋形容詞〉「～に感じる」などがある。
That sounds interesting.（それはおもしろそうです。）
I feel good.（私は気分がいいです。）

確認問題

1　次の英文の日本語訳を書きましょう。
You look sad.　あなたは（　　　　　　　　　　　）。

2　次の日本文に合うように，（　）内の語を並べかえましょう。
私たちはそのとき，わくわくしました。（became / we / excited）at that time.
＿＿＿＿＿＿＿＿＿＿＿ at that time.

3　次の日本文に合うように，（　）内から適する語を選びましょう。
(1) この試合はおもしろそうです。　This game (feels / sounds) interesting.
(2) 私は今日は気分がいいです。　I (get / feel) well today.
(3) その犬は病気になりました。　The dog (sounded / became) sick.

それぞれの動詞の意味を確認しよう。

①まとめています。覚えようは があり，その単元で覚えておくべきポイントを挙げています。

2

確認問題

✔チェックしよう！を覚えられたか，確認する問題です。

覚えよう でまとめているポイントごとに確認することができます。

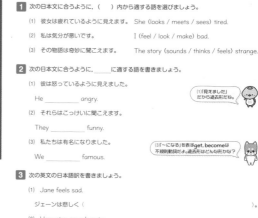

練習問題

1　次の日本文に合うように，（　）内から適する語を選びましょう。
(1) 彼女は疲れているように見えます。　She (looks / meets / sees) tired.
(2) 私は気分が悪いです。　I (feel / look / make) bad.
(3) その物語は奇妙に聞こえます。　The story (sounds / thinks / feels) strange.

2　次の日本文に合うように，＿＿＿に適する語を書きましょう。
(1) 彼は怒っているように見えました。
He ＿＿＿＿＿ angry.

(1)「見えました」だから過去形だね。

(2) それらはこっけいに聞こえます。
They ＿＿＿＿＿ funny.

(3) 私たちは有名になりました。
We ＿＿＿＿＿ famous.

(3)「～になる」を表すget, becomeは不規則動詞だよ。過去形はどんな形かな？

3　次の英文の日本語訳を書きましょう。
(1) Jane feels sad.
ジェーンは悲しく（　　　　　　　　）。
(2) Her voice sounds cute.
彼女の声は（　　　　　　　　　　　）。
(3) Sam looks young.
サムは（　　　　　　　　　　　　　）。

4　音声のあとに続く文として，適当なものを選びましょう。
(A) He looks sleepy.
(B) He looks busy.

ここ

3

練習問題

いろいろなパターンで練習する問題です。つまずいたら，✔チェックしよう！や 確認問題 に戻ろう！

ヒントを出したり，解説したりするよ！
かっぱ

リスニング問題にチャレンジできます。
重要知識を一問一答形式で確認できます。

スマホでサクッとチェック≫P2

くわしくは2ページへ

ITCコンテンツを活用しよう!

使い方はカンタン!

本書には, QRコードを読み取るだけで利用できる ICT コンテンツが充実しています。

音声を聞いてリスニング問題にチャレンジ

きこう! 音声データ

各ページの QR コードを読み取ると, リスニング問題の音声を聞くことができます。
音声の速度を調整することもできます。くり返し聞くことで, 耳を慣らしていきましょう。

4 音声のあとに続く文として, 適当なものを選びましょう。

(A) He looks sleepy.

(B) He looks busy.

スマホでサクッとチェック》P2

音声を聞きとって,
問題を解こう。

PCから https://cds.chart.co.jp/books/zikltzsk5i/sublist/001#2!

一問一答で知識の整理

スマホでサクッとチェック

下のQRコードから, 重要知識をクイズ形式で確認できます。

1回10問だから,
スキマ時間に
サクッと取り組める!

PCから https://cds.chart.co.jp/books/zikltzsk5i/sublist/049#050

便利な使い方

ICTコンテンツが利用できるページをスマホなどのホーム画面に追加することで, 毎回
QR コードを読みこまなくても起動できるようになります。くわしくは QRコードを読み
取り, 左上のメニューバー「≡」▶「ヘルプ」▶「便利な使い方」をご覧ください。

目次

文型①SVC

✔チェックしよう!

👆 **覚えよう** 「〜に見える」という文は〈look＋形容詞〉の語順。

They **look** happy.　（彼らは幸せそうに見えます。）

> 「形容詞」とは，ものの様子や性質，状態を表す語のことだよ。

✌ **覚えよう** 「〜になる」という文は
〈become＋形容詞〉や〈get＋形容詞〉の語順。

I **become** hungry around five.
（私は5時頃空腹になります。）

She **got** sad when she heard the news.
（彼女はその知らせを聞いたとき悲しくなりました。）

🖐 **覚えよう** ほかに〈sound＋形容詞〉「〜に聞こえる」，
〈feel＋形容詞〉「〜に感じる」などがある。

That **sounds** interesting.　（それはおもしろそうです。）
I **feel** good.　（私は気分がいいです。）

確認問題

1 次の英文の日本語訳を書きましょう。

You look sad.　あなたは（　　　　　　　　　　　　　　　　　）。

2 次の日本文に合うように，（　　　）内の語を並べかえましょう。

私たちはそのとき，わくわくしました。（became / we / excited）at that time.

_____ at that time.

3 次の日本文に合うように，（　　）内から適する語を選びましょう。

(1) この試合はおもしろそうです。　This game (feels / sounds) interesting.

(2) 私は今日は気分がいいです。　I (get / feel) well today.

(3) その犬は病気になりました。　The dog (sounded / became) sick.

> それぞれの動詞の意味を確認しよう。

1 次の日本文に合うように，（　）内から適する語を選びましょう。

(1) 彼女は疲れているように見えます。　She (looks / meets / sees) tired.

(2) 私は気分が悪いです。　　　　　　　I (feel / look / make) bad.

(3) その物語は奇妙に聞こえます。　　　The story (sounds / thinks / feels) strange.

2 次の日本文に合うように，＿＿＿に適する語を書きましょう。

(1) 彼は怒っているように見えました。

　　He ＿＿＿＿＿＿＿＿ angry.

(1)「見えました」
だから過去形だね。

(2) それらはこっけいに聞こえます。

　　They ＿＿＿＿＿＿＿＿ funny.

(3) 私たちは有名になりました。

　　We ＿＿＿＿＿＿＿＿ famous.

(3)「〜になる」を表すget, becomeは
不規則動詞だよ。過去形はどんな形かな？

3 次の英文の日本語訳を書きましょう。

(1) Jane feels sad.

　　ジェーンは悲しく（　　　　　　　　　　　　　　　　　　　　　　）。

(2) Her voice sounds cute.
　　　　　声

　　彼女の声は（　　　　　　　　　　　　　　　　　　　　　　　　）。

(3) Sam looks young.

　　サムは（　　　　　　　　　　　　　　　　　　　　　　　　　　）。

4 音声のあとに続く文として，適当なものを選びましょう。

(A) He looks sleepy.

(B) He looks busy.

文型②SVOO

✔ チェックしよう！

👆 **覚えよう** 「(人)に～(もの)をあげる」という文は〈give＋(人)＋～(もの)〉の語順。

　　　　　　　　　人　　　もの
I gave <u>Ken</u> <u>my old bike</u>.(私はケンに 私の古い自転車をあげました。)

✌ **覚えよう** 〈give ＋～(もの)＋ to ＋ …(人)〉で表すこともできる。

　　　　　　　　　もの　　　　　　人
I gave <u>my old bike</u> to <u>Ken</u>.

🖐 **覚えよう** to ではなく for を使う動詞もある。どちらを使うかは動詞によって決まる。

Ms. Ito teaches <u>math</u> to <u>us</u>. (イトウ先生は私たちに数学を教えます。)
Kate made <u>dinner</u> for <u>me</u>. 　(ケイトは私に夕食を作ってくれました。)

to を使う動詞	
give	(…に～を与える)
teach	(…に～を教える)
show	(…に～を見せる)
tell	(…に～を話す)

for を使う動詞	
buy	(…に～を買う)
make	(…に～を作る)
cook	(…に～を作る)

など

ポイントは，語順と
使う前置詞だよ！

確認問題

👆 **1** 次の日本文に合うように，(　　)内の語(句)を並べかえましょう。

ミキは私にペンをくれました。　Miki gave (a pen / me).

Miki gave _____.

✌ **2** 次の日本文に合うように，___に適する語を書きましょう。

マイクは私に 1 冊の本をくれました。

Mike gave a book _____ me.　　Mike gave _____ a book.

🖐 **3** 次の日本文に合うように，(　　)内から適する語を選びましょう。

私は彼に 1 枚の写真を見せました。　　I showed a picture (to / for) him.

練習問題

1 次の日本文に合うように，（　　）内から適する語を選びましょう。

(1) 私は母に花をあげます。　　　　　I (make / give) my mother flowers.

(2) 私はミキに毎日Eメールを送ります。　I (send / buy) e-mails to Miki every day.

(3) 私は彼にプレゼントを買うつもりです。I will (buy / send) a present for him.

2 次の日本文に合うように，（　　）内の語(句)を並べかえましょう。

(1) 姉は私に朝食を作ってくれました。

(cooked / my sister / breakfast / me).

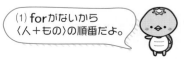
(1) forがないから
〈人＋もの〉の順番だよ。

_____.

(2) 私たちはホワイト先生にカードを一枚買いました。

(bought / we / for / Mr. White / a card).

_____.

(3) 本は私たちに多くのものを与えてくれます。

(a lot of / give / books / us / things).

_____.

3 次の英文の日本語訳を書きましょう。

(1) He teaches history to us.

彼は私たちに歴史を（　　　　　　　　　　　　　　　　　　　　　　　　）。

(2) They will cook you lunch.

彼らはあなたに（　　　　　　　　　　　　　　　　　　　　　　　　　　）。

4 音声に対する答えとして，適当なものを選びましょう。

（A）He will buy me a pen.

（B）I will buy him a pen.

きこう！
音声データ

スマホでサクッとチェック ≫ P2

7

3 受け身の文「〜される」

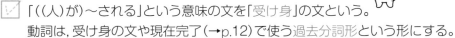

✔ チェックしよう！

☑ 「((人)が)〜される」という意味の文を「受け身」の文という。
　　動詞は, 受け身の文や現在完了(→p.12)で使う過去分詞形という形にする。

☑ 過去分詞は, 規則動詞では過去形と同じ形, 不規則動詞では不規則に変化する。

不規則動詞の例

原形		過去形	過去分詞形
build	(〜を建てる)	built	built
make	(〜を作る)	made	made
see	(〜を見る)	saw	seen
sing	(〜を歌う)	sang	sung
speak	(〜を話す)	spoke	spoken
read	(〜を読む)	read	read
take	(〜をとる)	took	taken
write	(〜を書く)	wrote	written

read の過去形, 過去分詞形は [red] と発音するよ。

👆覚えよう 〈主語＋be動詞＋過去分詞〉の語順で「(人)は〜される」という受け身の意味。

主語　be動詞　過去分詞

They **are invited** to this party. （彼らはこのパーティーに招待されています。）

✌覚えよう 受け身の文では動作主を, 〈by 〜〉「〜によって」で表す。

This book is written **by Jack.** （この本はジャックによって書かれています。）

🤟覚えよう 受け身の文で助動詞を使うときは, 〈助動詞＋ be ＋過去分詞〉の語順。

This room **will be cleaned** by Ken. （この部屋はケンによって掃除されるでしょう。）

確認問題

1 次の一般動詞の過去分詞を書きましょう。

(1) build _____　(2) see _____　(3) write _____

2 次の日本文に合うように, _____ に適する語を書きましょう。

(1) この自転車は毎日使用されます。This bike is _____ every day.

(2) この部屋はカナによって掃除されます。This room is cleaned _____ Kana.

3 次の日本文に合うように, (　　) 内の語を並べかえましょう。

歴史は学ばれるべきです。　　　　History (learned / should / be).

History _____ .

練習問題

1 次の日本文に合うように，____ に適する語を書きましょう。

> 主語と，現在か過去かを確認して，be動詞の形を決めるんだよ。

(1) たくさんの車が日本で作られます。

A lot of cars _____ _____ in Japan.

(2) その本はたくさんの人々によって読まれています。

The book is _____ _____ many people.

(3) その授業は 8 時 40 分に始められなければなりません。

The class _____ _____ started at eight forty.

2 次の日本文に合うように，（　　）内の語(句)を並べかえましょう。

(1) たくさんの花が公園で見られます。

(many / seen / flowers / are) in the park.

_____ in the park.

(2) あなたの国はたくさんの人々によって訪問されています。

(by / visited / your country / is) many people.

_____ many people.

(3) この動物園でコアラは見られません。

(can't / in / seen / koalas / be) this zoo.

_____ this zoo.

3 次の英文を，（　　）内の指示に合うように書きかえましょう。

(1) The plan should be changed. (否定文に)

_____

(2) Rice is eaten all over the world. (疑問文に)

_____

(3) Many people speak English. (受け身の文に)

_____

4 対話文が流れます。その一部を抜き出した以下の文に
あてはまる語を英語で書きましょう。

> きこう！
> 音声データ

It _____ _____ in 2000.

4 第1章 1・2年の復習

不定詞「〜すること」「〜するための」「〜するために」

✔ チェックしよう！

📊 〈to＋動詞の原形〉の形を不定詞といい，主に3つの意味がある。

☝ **覚えよう** 「〜すること」という意味の〈to＋動詞の原形〉。

I like **to play** tennis. （私はテニスをすることが好きです。）

✌ **覚えよう** 「〜するための」「〜するべき」という意味の〈to＋動詞の原形〉。

I want time **to practice** tennis.
（私はテニスを練習するための時間が欲しいです。）

🤟 **覚えよう** 「〜するために」という意味の〈to＋動詞の原形〉。

I practice tennis **to win** the game.
（私はその試合に勝つためにテニスを練習します。）

「〜してうれしい」，「〜して残念だ」など感情の原因も表せる。
〈感情を表す形容詞＋to＋動詞の原形〉の語順。

形容詞　〈to＋動詞の原形〉
I am **happy to meet** you. （私はあなたに会えてうれしいです。）

> happy「幸せな」，glad「うれしい」，
> sorry「残念に思う」などが使われるよ。

確認問題

☝ **1** 次の英文の日本語訳を書きましょう。

His dream is to be a teacher.

彼の夢は（ 　　　　　　　　　　　　　　　　　　　　　 ）です。

✌ **2** 次の日本文に合うように，＿＿＿に適する語を書きましょう。

(1) グリーン先生は英語を教えるために日本に来ました。

Ms. Green came to Japan ＿＿＿＿＿＿ ＿＿＿＿＿＿ English.

(2) 私はその知らせを聞いて悲しかったです。

I was ＿＿＿＿＿＿ ＿＿＿＿＿＿ ＿＿＿＿＿＿ the news.

🤟 **3** 次の日本文に合うように，（　　）内の語を並べかえましょう。

エミはするべきことがたくさんあります。　Emi has a lot of （do / things / to）.

Emi has a lot of ＿＿＿＿＿＿＿＿＿＿＿＿＿＿＿＿＿＿＿＿＿.

1 次の日本文に合うように，_____ に適する語を書きましょう。

(1) 私はあなたと話せてうれしいです。

> toのあとの動詞は
> 必ず原形になるよ。

I'm glad _____ _____ with you.

(2) この質問に答えるのは難しいです。

_____ _____ this question is difficult.

(3) 京都には訪れるべき多くの場所があります。

Kyoto has a lot of places _____ _____ .

(4) 彼はお気に入りの本を見つけてわくわくしています。

He is excited _____ _____ his favorite book.

2 次の英文に（　　）内の語句を入れるとき，適する場所をア～エの中から選びましょう。

(1) I　was　sad　yesterday　.　(to hear the news)
　　ア　　イ　　ウ　　　　エ

(2) Saki　is　glad　the letter　.　(to get)
　　　　ア　イ　　ウ　　　　エ

> それぞれの〈to ＋動詞の原形〉が
> どのような意味になるかを考えよう。

(3) He　went　to　school　.　(to practice soccer)
　　ア　　イ　　ウ　　　エ

3 次の日本文に合うように，（　　）内の語を並べかえましょう。

(1) 映画について話すことはおもしろいです。(is / talk / movies / fun / about / to).

_____ .

(2) 彼はテレビを見る時間がありません。He (time / TV / watch / has / no / to).

He _____ .

4 音声に対する答えになるように，_____ に適する語を書きましょう。

I want _____ _____ a doctor.

1 「〜したことがあります」

✔チェックしよう！

👆覚えよう　〈have［has］＋過去分詞〉の形が「〜したことがあります」という〈経験〉の意味になる。

have　　過去分詞

I have met Emily before.

（私は以前エミリーに会ったことがあります。）

✌覚えよう　「…回〜したことがあります」と言うときは，「１回」once，「２回」twice，「３回」以上は〈数＋times〉を文末に置く。

②過去のある時点　　　　　　　　　　　　　　　　　①現在

③現在までに経験した動作や状態

②過去の文　**We saw the movie two years ago.**

（私たちはその映画を２年前に見ました。）

③現在完了の文　**We have seen the movie once.**

（私たちはその映画を１回見たことがあります。）

🤟覚えよう　「〜に行ったことがあります」は〈have［has］been to 〜〉を使う。

We have been to Nara twice.

（私たちは２回奈良に行ったことがあります。）

確認問題

👆 1 次の英文の日本語訳を書きましょう。

I have joined the festival before.

私は（　　　　　　　　　　）その祭りに参加した（　　　　　　　　　　）。

✌ 2 次の日本文に合うように，＿＿に適する語を　　　内から選びましょう。

私は京都を２回訪れたことがあります。

I have visited Kyoto ＿＿＿＿＿＿＿＿.

once
twice
three times

🤟 3 次の日本文に合うように，（　　）内から適する語を選びましょう。

私は何回もアメリカに行ったことがあります。

I have (be / been) to America many times.

1 次の日本文に合うように，＿＿＿に適する語を書きましょう。

(1) エミリーは２回納豆を食べたことがあります。

Emily has ＿＿＿＿＿ natto ＿＿＿＿＿.

(2) サムは富士山に１回登ったことがあります。

Sam has climbed Mt. Fuji ＿＿＿＿＿.

> (3)「～に行ったことがある」と言うときgoは使わないよ。

(3) 私の兄は以前中国に行ったことがあります。

My brother has ＿＿＿＿＿ to China ＿＿＿＿＿.

(4) 私たちはその物語を何回も聞いたことがあります。

We have ＿＿＿＿＿ the story many ＿＿＿＿＿.

2 次の日本文に合うように，（　）内の語(句)を並べかえましょう。

(1) 私は上野動物園でパンダを見たことがあります。

(a panda / I / seen / have) at Ueno Zoo.

＿＿＿＿＿＿＿＿＿＿＿＿＿＿＿＿＿ at Ueno Zoo.

(2) 私はジムを私の家に３回招いたことがあります。

I (invited / times / have / my house / three / Jim / to).

I ＿＿＿＿＿＿＿＿＿＿＿＿＿＿＿＿＿.

(3) ユキはオーストラリアに行ったことがあります。

(to / been / has / Australia / Yuki).

＿＿＿＿＿＿＿＿＿＿＿＿＿＿＿＿＿.

3 次の英文を，（　）内の指示に合うように書きかえましょう。

(1) I wrote an English letter. （「～したことがあります」という意味の文に）

＿＿＿＿＿＿＿＿＿＿＿＿＿＿＿＿＿

(2) She has read this book. （「２回」という意味の１語を加えた文に）

＿＿＿＿＿＿＿＿＿＿＿＿＿＿＿＿＿

4 対話文が流れます。その一部を切り取った以下の文にあてはまる語を書きましょう。

きこう！ 音声データ

I ＿＿＿＿＿ ＿＿＿＿＿ sushi many times.

2 第2章 現在完了形（経験用法）

「～したことがありません」

✔チェックしよう！

覚えよう 〈have[has] not＋過去分詞〉の形が「（一度も）～したことがありません」
という〈経験〉の否定の意味になる。

覚えよう 「（一度も）～したことがありません」という〈経験〉を述べるときは，
not のかわりに never を使うことが多い。
〈have[has] ＋ never ＋過去分詞〉の語順。

Sara has never learned Chinese.
（サラは一度も中国語を学んだことがありません。）

> not と never は一緒には使わないよ。

確認問題

1 次の英文の日本語訳を書きましょう。

(1) I have not made *sushi*.　　　　　私はお寿司を作った（　　　　　　　　　）。

(2) Aya has not played the piano.　アヤは（　　　　　　　　　　　　　　　）。

2 次の日本文に合うように，（　）内から適する語(句)を選びましょう。

(1) 私はその歌を聞いたことがありません。I (don't / have never) heard that song.

(2) 彼女は夕食を作ったことがありません。She (doesn't / has never) cooked dinner.

(3) アイは彼らと話したことがありません。Ai (didn't / has never) talked with them.

3 次の日本文に合う英文になるように，あとの（　）内の語を入れるとき，
適する場所をア～ウの中から選びましょう。

(1) ケンは今までに一度もスキーをしたことがありません。

Ken has skied before. (never)
　　　ア　　イ　　ウ

> 否定文でも〈have[has]＋過去分詞〉の語順は同じだね。

(2) 私たちは一度も沖縄を訪れたことがありません。

We have visited Okinawa. (never)
　　　ア　　イ　　　ウ

(3) 彼は一度もカナダに行ったことがありません。

He has never to Canada. (been)
　　　ア　　イ　　ウ

練習問題

1 次の日本文に合うように，___に適する語を書きましょう。

(1) 私は一度も北海道に行ったことがありません。

「一度も～ない」という意味を表す語は何だったかな。

I have _____ _____ to Hokkaido.

(2) マイクは一度も私たちの学校を訪れたことがありません。

Mike _____ _____ _____ our school.

(3) 彼女は一度もゾウを見たことがありません。

She _____ _____ _____ elephants.

2 次の日本文に合うように，（　）内の語(句)を並べかえましょう。

(1) イトウさんは携帯電話を使ったことがありません。

(never / Mr. Ito / used / has) a cell phone.

_____ a cell phone.

(2) 私たちは一度も外国を旅行したことがありません。

(to / we / traveled / have / never) foreign countries.

_____ foreign countries.

(3) 妹はこのカメラで写真を撮ったことがありません。

(taken / has / never / pictures / my sister) with this camera.

_____ with this camera.

3 次の英文を否定文に書きかえましょう。ただし，never を使うこと。

(1) I have met Ms. Sato before.

_____

(2) Riku has read this book.

_____

4 対話文が流れます。対話文からわかる2人の状況として，適当なものを選びましょう。

きこう！ 音声データ

(A) They are eating a meal.　　(B) They are watching TV.

3 「〜したことがありますか」

✔ チェックしよう！

覚えよう 〈Have[Has]＋主語＋過去分詞 〜?〉の形が「（今までに）〜したことがありますか」という〈経験〉の疑問の意味になる。

覚えよう 「今までに〜したことがありますか」は〈Have[Has]＋主語＋ ever ＋過去分詞 〜?〉と ever を一緒によく使う。

疑問文 Have you ever seen this movie?
（あなたは今までにこの映画を見たことがありますか。）
— Yes, I have. — No, I have not[haven't].
（はい，あります。）　（いいえ，ありません。）

覚えよう 「何回〜したことがありますか」と回数をたずねるときは，How many times を文頭に置く。答えるときは，具体的な回数を答える。

How manyの文 How many times have you seen this movie?
（あなたは何回この映画を見たことがありますか。）
— I have seen it three times.
（私はそれを3回見たことがあります。）

確認問題

1 次の日本文に合うように，（　　）内から適する語を選びましょう。
ジョンは（今までに）日本に住んだことがありますか。 — はい，あります。
(Did / Has) John lived in Japan?　　　　　　　　 — Yes, he (did / has).

2 次の日本文に合うように，＿＿に適する語を◻内から選びましょう。
メアリーは今までにピアノを弾いたことがありますか。
Has Mary ＿＿＿＿＿ played the piano?

> once
> never
> ever

3 次の英文の日本語訳を書きましょう。
(1) Have you ever used this textbook?
あなたは今までにこの教科書を使った（　　　　　　　　　　　　　　　）。

(2) How many times have they ever heard japanese songs?
彼らは（　　　　　　　）日本の歌を（　　　　　　　　　　　）。

━ ━ ━ ━ ━ ━ ━ ━ ━ ━ ━ ━

1 次の日本文に合うように，____ に適する語を書きましょう。

(1) サムは（今までに）あの寺を訪れたことがありますか。

_____ Sam _____ that temple?

(2) あなたは今までにエミに会ったことがありますか。

_____ you _____ seen Emi?

(3) ジェーンは何回日本に来たことがありますか。

_____ _____ _____ has Jane come to Japan?

2 次の日本文に合うように，（　　）内の語を並べかえましょう。

(1) あなたは今までに神戸に行ったことがありますか。

(to / you / have / been / ever) Kobe?

_____ Kobe?

(2) ユカは何回野球の試合を見たことがありますか。

(times / has / how / Yuka / seen / many) baseball games?

_____ baseball games?

3 次の英文を，（　　）内の指示に合うように書きかえましょう。

(1) Your brother has talked to Tom in English. （疑問文に）

_____

(2) Have you ever tried Korean food? （下線部を he に）

_____

(3) Jane has made *onigiri* twice. （下線部をたずねる文に）

_____

4 音声に対する答えとして，適当なものを選びましょう。

(A) I have been to Kyoto twice.

(B) I will visit Kyoto next year.

1 SVOC(C＝形容詞)

✔チェックしよう！

👆 **覚えよう**　「人［もの］を〜（の状態に）保つ」という文は
〈keep ＋人［もの］＋〜〉の語順。

keep 人［もの］
Jogging **keeps** you healthy.
（ジョギングはあなたを健康に保ちます。）

✌ **覚えよう**　「人［もの］を〜（という状態に）する)」という文は
〈make ＋人［もの］＋〜〉の語順。

make 人［もの］
The news **made** me happy.
（その知らせは私を幸せにしました。）

> このmakeは「〜を作る」ではなく，
> 「〜にする」という意味だよ。

🤟 **覚えよう**　「人［もの］が〜とわかる」という文は〈find ＋人［もの］＋〜〉の語順。

find 人［もの］
I **found** the book easy.
（私はその本は簡単だとわかりました。）

確認問題

👆 **1** 次の日本文に合うように，（　　）内から適する語を選びましょう。

(1) 彼はドアを開けたままにしておきました。　He (made / kept) the door open.

(2) 部屋を温かく保ちなさい。　(Keep / Find) your room warm.

✌ **2** 次の日本文に合うように，（　　）内の語を並べかえましょう。

(1) これらの本は私を幸せにします。　　　　These books (make / happy / me).

These books _____ .

(2) その手紙は彼を悲しくさせました。　　　The letter (sad / made / him).

The letter _____ .

🤟 **3** 次の日本文に合うように，_____に適する語を書きましょう。

私はこの映画がおもしろいとわかりました。I _____ this movie interesting.

練習問題

1 次の日本文に合うように，___に適する語を書きましょう。

(1) あなたは部屋をきれいに保つべきです。

> 現在の文か，過去の文かを判断して，動詞の形を選んでね。

You should _____ your room clean.

(2) この映画は私たちをわくわくさせました。

This movie _____ _____ excited.

2 次の日本文に合うように，（　　）内の語(句)を並べかえましょう。

(1) その宿題は息子を忙しくさせ続けました。

(my son / busy / kept / the homework).

_____

(2) その教科書は難しいとわかりました。

(I / the textbook / hard / found).

_____

(3) このコンピューターは彼の仕事をより簡単にしました。

(easier / this computer / made / his work).

_____

3 次の英文の日本語訳を書きましょう。

> find+人[もの]+形容詞の語順だったね。

(1) I found him honest.
　　　　　　　正直な

(　　　　　　　　　　　　　　　　　　　　　　　　　)

(2) This movie made me more interested in history.

(　　　　　　　　　　　　　　　　　　　　　　　　　)

4 音声に対する答えとして，適当なものを選びましょう。

(A) I kept it easy.

(B) I found it very interesting.

2 SVOO(that節)

✔ チェックしよう！

👆 覚えよう 「(人)に…を伝える」は〈tell＋(人)＋that …〉の語順。

<u>tell</u>　<u>人[もの]</u>

I **told** him **that** I was busy.

（私は忙しいと彼に言いました。）

> thatの前の動詞が過去形の時は，thatの後ろの動詞も過去形になるよ。

✌ 覚えよう 「(人)に…を示す」は〈show＋(人)＋that …〉の語順。

<u>show</u>　　<u>人[もの]</u>

He **showed** me **that** the story was true.

（彼はその話が本当であることを私に示しました。）

🖐 覚えよう 「(人)に…を教える」は〈teach＋(人)＋that …〉の語順。

<u>teach</u>　　<u>人[もの]</u>

He **taught** his son **that** studying was important.

（彼は勉強することが大切であると息子に教えました。）

確認問題

1 次の日本文に合うように，（　　）内から適する語を選びましょう。

(1) 彼は私に眠いと言いました。　He (told / tells) me that he was sleepy.

(2) 私は彼に私が怒っていることを示しました。

I (taught / showed) him that I was angry.

2 次の日本文に合うように，（　　）内の語を並べかえましょう。

(1) 彼は私たちに愛は大切であると教えました。

He (love / taught / that / us) was important.

He ＿＿＿＿＿＿＿＿＿＿＿＿＿＿＿＿＿＿＿ was important.

(2) 私は彼らに彼女が親切であることを示しました。

I (she / showed / that / them) was kind.

I ＿＿＿＿＿＿＿＿＿＿＿＿＿＿＿＿＿＿＿ was kind.

3 次の日本文に合うように，＿＿＿に適する語を書きましょう。

私は彼に，野球が好きであると言いました。

I ＿＿＿＿ him ＿＿＿＿ I liked baseball.

1 次の日本文に合うように，（　）内から適する語を選びましょう。

(1) 彼女は私にダンスは楽しいと言いました。

> tell＋(人)＋**that**＋〈主語＋動詞〉の語順にするよ。

She (said / told) me that dance was fun.

(2) 私は彼らに，彼が友好的であることを示しました。

I (taught / showed) them that he was friendly.

2 次の日本文に合うように，（　）内の語(句)を並べかえましょう。

(1) 私は彼らに私は教師であると言いました。 I (a teacher / was / that / told / them / I).

I _____ .

(2) 彼は私にその知らせが本当ではないことを示しました。

He (the news / not / me / true / showed / that / was).

He _____ .

(3) 私は彼らにコンピューターは今日必要なものであると教えました。

I (necessary / computers / that / were / taught / them) today.

I _____ today.

3 次の日本文に合うように，_____に適する語を書きましょう。

(1) その医者は私に彼が健康であることを示しました。

The doctor _____ me _____ he _____ healthy.

(2) 母親は子供たちに傘を持っていくべきと伝えました。

The mother _____ her children _____ they _____ take their umbrellas.

4 次の英文の日本語訳を書きましょう。

(1) The teacher taught students that studying English was important.

(　　　　　　　　　　　　　　　　　　　　　　　　　　　　　　　)

(2) She showed us that smartphones were very useful.

便利な

(　　　　　　　　　　　　　　　　　　　　　　　　　　　　　　　)

5 対話文が流れます。その内容をまとめた次の_____に適する語を書きましょう。

きこう！
音声データ

Ken _____ me _____ he would go to America.

1

「～したところです」

✔チェックしよう！

👆覚えよう 〈have［has〕＋過去分詞〉の形が「～したところです」，
「（すでに）～してしまった」という〈完了〉の意味にもなる。

I have finished my homework.
（私は宿題を終えたところです［終えてしまいました］。）

Shinji has eaten lunch.
（シンジは昼食を食べたところです［食べてしまいました］。）

✌覚えよう 「ちょうど」just，「すでに」already を一緒に使うことが多い。

We have just arrived here.
（私たちはちょうどここに着いたところです。）

Miki has already used her money.
（ミキはすでに彼女のお金を使ってしまいました。）

> justやalreadyは
> ふつう過去分詞の前に置くよ。

確認問題

👆 **1** 次の英文の日本語訳を書きましょう。

(1) I have washed my hands.　　　私は手を（　　　　　　　　　　　　　　）。

(2) She has opened the box.　　　彼女はその箱を（　　　　　　　　　　　　）。

✌ **2** 次の日本文に合うように，（　　）内から適する語を選びましょう。

(1) 彼はちょうどここに着いたところです。　He has (just / already) arrived here.

(2) 私はすでにこの本を読んでしまいました。 I have (just / already) read this book.

✌ **3** 次の日本文に合うように，＿＿に適する語を ┊　　　┊ 内から選びましょう。

(1) 彼はすでに引っ越してしまいました。　　┊ already　just　ever ┊

He has ＿＿＿＿＿＿ moved.

(2) 私たちはちょうど着いたところです。　　> 「ちょうど」と「すでに」を意味する語は
> それぞれ何だったかな。

We have ＿＿＿＿＿＿ arrived.

1 次の日本文に合うように，_____に適する語を書きましょう。

(1) 私は手紙を受け取ったところです。　　I have _____ a letter.

(2) 彼女は夕食を作ったところです。　　She has _____ dinner.

(3) トムはちょうど起きたところです。　　Tom has _____ got up.

(4) 彼は電車に乗ったところです。　　He has _____ on the train.

(5) サムは彼の部屋を掃除したところです。　Sam _____ _____ his room.

(6) メアリーは家に着いたところです。　　Mary has _____ home.

2 次の日本文に合うように，（　　）内の語(句)を並べかえましょう。

(1) 私はちょうど彼に会ったところです。

I (just / met / have / him).

I _____ .

(2) 彼らはすでに答えがわかりました。

(have / the answer / they / already / found).

_____ .

3 次の英文を，（　　）内の指示に合うように書きかえましょう。

(1) I have just left the station. （下線部を Tom「トム」に）

_____

(2) Ken has finished his breakfast. （「すでに」という意味の語を加えた文に）

_____

4 次の日本文の英語訳を書きましょう。

(1) 私はちょうどこのペンを買ったところです。

_____

(2) ジェーンはすでに彼女の車を洗いました。

_____

5 対話文が流れます。その内容をまとめた次の_____に
適する語を書きましょう。

Jane wants to eat lunch with Shinji.

However, Shinji _____ _____ a lunch box.

2 「まだ～していません」

✔チェックしよう！

👆**覚えよう**　〈have[has] not ＋過去分詞〉の形が
「（まだ）～していません」という〈完了〉の否定の意味にもなる。

We have not[haven't] got to the library.
（私たちは（まだ）図書館に着いていません。）

✌**覚えよう**　「まだ」yet を一緒に使うことが多い。

Sam has not[hasn't] finished his work yet.
（サムはまだ仕事を終えていません。）

> yetはふつう文末に置くよ。

確認問題

👆 **1** 次の日本文に合うように，（　　）内の語を並べかえましょう。

(1) 私は（まだ）顔を洗っていません。　I (not / have / washed) my face.

I ＿＿＿＿＿＿＿＿＿＿＿＿＿＿＿＿＿＿＿＿＿＿ my face.

(2) 彼は（まだ）昼食を食べていません。　He (not / eaten / has) lunch.

He ＿＿＿＿＿＿＿＿＿＿＿＿＿＿＿＿＿＿＿＿＿＿ lunch.

✌ **2** 次の日本文に合うように，（　　）内から適する語を選びましょう。

(1) あなたたちはすでに宿題を終えました。

You have (yet / already) finished your homework.

(2) エミはまだ彼女の部屋を掃除していません。

Emi has not cleaned her room (yet / already).

✌ **3** 次の日本文に合う英文になるように，あとの（　　）内の語を入れるとき，適する場
所をア～ウの中から選びましょう。

> 「まだ」yet は現在完了でよく一緒に
> 使うね。

ケンはまだ東京に着いていません。

Ken has not arrived at Tokyo . (yet)
　　 ア　　　 イ　　　　　　 ウ

1 次の日本文に合うように，＿＿＿＿に適する語を書きましょう。

(1) 私は（まだ）奈良を訪れていません。　　I ＿＿＿＿＿＿ ＿＿＿＿＿＿ visited Nara.

(2) アイは（まだ）あの映画を見ていません。　Ai ＿＿＿＿＿ not ＿＿＿＿＿ that movie.

(3) ケンは（まだ）この本を買っていません。　Ken ＿＿＿＿＿ ＿＿＿＿＿ this book.

(4) あなたは（まだ）手を洗っていません。　　You ＿＿＿＿＿ ＿＿＿＿＿ your hands.

(5) 彼はまだ昼食を作っていません。　　　　He has not ＿＿＿＿＿ lunch ＿＿＿＿＿.

2 次の英文の日本語訳を書きましょう。

(1) The game has not started yet.

　その試合は（　　　　　　　　　　　　　　　　　　　　　　　　　　）。

(2) Maki has not read the newspaper yet.

　マキは（　　　　　　　　　　　　　　　　　　　　　　　　　　　　）。

(3) These boys haven't left home yet.

　（　　　　　　　　　　　　　　　　　　　　　　　　　　　　　　　）

3 次の英文を，（　　）内の指示に合うように書きかえましょう。

(1) Mr. Sato has come to the park.　（否定文に）

＿＿＿＿＿＿＿＿＿＿＿＿＿＿＿＿＿＿＿＿＿＿＿＿＿＿＿＿＿＿＿＿＿＿

(2) I haven't written this letter.　（「まだ」という意味の語を加えた文に）

＿＿＿＿＿＿＿＿＿＿＿＿＿＿＿＿＿＿＿＿＿＿＿＿＿＿＿＿＿＿＿＿＿＿

(3) <u>We</u> haven't heard the news.　（下線部を Sam に）

＿＿＿＿＿＿＿＿＿＿＿＿＿＿＿＿＿＿＿＿＿＿＿＿＿＿＿＿＿＿＿＿＿＿

4 音声に対する答えとして，適当なものを選びましょう。

(A) Sorry, I have not finished my homework yet.

(B) Don't worry. I will tell my parents.

第４章　現在完了形（完了用法・継続用法）

3 「（もう）～しましたか」

✔チェックしよう！

覚えよう 〈Have[Has]＋主語＋過去分詞 ～ ?〉の形が「（もう）～しましたか」，
「（もう）～してしまいましたか」という〈完了〉の疑問の意味にもなる。

疑問文 **Have you heard the news?**
（あなたは（もう）そのニュースを聞きましたか。）

— **Yes, I have.**（はい，聞きました。）
— **No, I have not[haven't].**（いいえ，聞いていません。）

覚えよう「もう」yet を一緒に使うことが多い。ふつう文末に置く。

Has Maki left home yet?
（マキはもう家を出ましたか。）

> yet は否定文では「まだ」，疑問文では「もう」という意味になるよ。

確認問題

1 次の日本文に合うように，（　　）内の語を並べかえましょう。

(1) あなたは（もう）昼食を終えましたか。　(you / have / finished) lunch?

＿＿＿＿＿＿＿＿＿＿＿＿＿＿＿＿＿＿＿＿＿＿ lunch?

(2) 彼は（もう）そのＥメールを読みましたか。　(read / has / he) the e-mail?

＿＿＿＿＿＿＿＿＿＿＿＿＿＿＿＿＿＿＿ the e-mail?

2 次の英文の日本語訳を書きましょう。

(1) Has Ken arrived there yet?

ケンは（　　　　　　　　　）そこに（　　　　　　　　　　　）。

(2) Have you written the letter yet?

あなたは（　　　　　　　　　　　　　　　　　　　　）。

3 次の英文の日本語訳を書きましょう。

Have they finished their homework yet?

彼らは（　　　　　　　　　　　　　　　　　　　　）。

26

1 次の日本文に合うように，_____に適する語を書きましょう。

(1) 彼はもうナンシーに電話しましたか。

_____ he called Nancy yet?

(2) マキとケンはもう本を受け取りましたか。— はい，受け取りました。

_____ Maki and Ken got the books yet?

— _____, they _____.

(3) あの店はもう閉店してしまいましたか。— いいえ，していません。

_____ that shop closed yet?

— _____, it _____.

2 次の日本文に合うように，（ ）内の語（句）を並べかえましょう。

(1) あなたたちはもう風呂に入りましたか。

Have (a bath / you / taken / yet)?

Have _____?

(2) 彼女はもう昼食を食べましたか。 (eaten / has / lunch / yet / she)?

_____?

3 次の英文を，（ ）内の指示に合うように書きかえましょう。

(1) You have taken pictures. （疑問文に）

_____

(2) Have they washed the dishes yet? （下線部を Tom に）

_____

4 対話文が流れます。その一部を抜き出した以下の文に
あてはまる語を書きましょう。

_____ _____ _____ lunch yet?

「（ずっと）～しています」

✔チェックしよう!

☝覚えよう 〈have[has]＋過去分詞〉の形が
「（ずっと）～しています」という〈継続〉の意味で,
「過去のある時点から現在まで続いている動作や状態」を表すこともある。

②過去のある時点 → ③現在まで続いている動作や状態 → ①現在

✌覚えよう 主語が三人称単数のときは〈has ＋過去分詞〉の形。

🤟覚えよう 「（ずっと）～しています」という文では,
「～から」〈since ＋過去を表す語(句)〉や
「～の間」〈for ＋期間を表す語(句)〉を一緒に使うことが多い。

①現在の文 I live in Kyoto.
（私は京都に住んでいます。）

②過去の文 I came to Kyoto last year.
（私は昨年，京都に来ました。）

have 過去分詞
③現在完了の文 I have lived in Kyoto since last year.
（私は昨年から（ずっと）京都に住んでいます。）

確認問題

☝ **1** 次の（ ）内の語を正しい形に変えて＿＿に書きましょう。

私はずっと神戸に住んでいます。 I have ＿＿＿＿＿＿ in Kobe.（live）

✌ **2** 次の英文が意味の通る文になるように，＿＿に have か has を入れましょう。

(1) You ＿＿＿＿＿＿ stayed in Aichi. (2) He ＿＿＿＿＿＿ learned dancing.

🤟 **3** 次の日本文に合うように，（ ）内から適する語を選びましょう。

(1) 私は昨年からテニスをしています。 I have played tennis (since / for) last year.

(2) 私は 1 年間，このかばんを使っています。

I have used this bag (since / for) a year.

1 次の日本文に合うように，＿＿＿＿に適する語を書きましょう。

(1) リカはずっと教室でマイクを待っています。

Rika has ＿＿＿＿＿＿＿ for Mike in the classroom.

(2) 彼はずっとこのホテルに滞在しています。

He ＿＿＿＿＿＿ ＿＿＿＿＿＿ at this hotel.

(3) 彼らは今朝から家でずっと勉強しています。

They have ＿＿＿＿＿＿ at home ＿＿＿＿＿＿ this morning.

(4) 私の父と母は20年間一緒に働いています。

My father and mother have ＿＿＿＿＿＿ together ＿＿＿＿＿＿ 20 years.

2 次の日本文に合うように，（　　）内の語を並べかえましょう。

(1) 私は今朝からここにいます。

(1)beenはbe動詞の過去分詞だよ。

I (since / been / have / here / this) morning.

I ＿＿＿＿＿＿＿＿＿＿＿＿＿＿＿＿＿＿＿＿＿＿＿＿ morning.

(2) 彼女は昨年から新しい自転車を欲しがっています。

(wanted / since / she / new / a / has / bike) last year.

＿＿＿＿＿＿＿＿＿＿＿＿＿＿＿＿＿＿＿＿＿＿＿＿ last year.

3 次の英文の日本語訳を書きましょう。

(1) We have been busy for three days.

私たちは（　　　　　　　　　　　　　　　　　　　　　　　　　）。

(2) Ken and Mike have played baseball since 2005.

ケンとマイクは（　　　　　　　　　　　　　　　　）野球をしています。

4 対話文を聞いて，2人がいる場所として適当なものを選びましょう。

きこう！ 音声データ

(A) Food court　　(B) Skating rink　　(C) Ski resort

スマホでサクッとチェック ≫ P2　　29

5 「（ずっと）～していません」

✔チェックしよう！

🖐覚えよう　現在完了の〈継続〉の否定文は〈have［has］not ＋過去分詞〉の形。
「（ずっと）～していません」という〈継続〉の意味になる。

have　　　not　　　過去分詞
I **have not eaten** anything since twelve.
（私は 12 時からずっと何も食べていません。）

have　　　not　　　過去分詞
He **has not written** to Yuka for a month.
（彼は 1 か月間，ユカに手紙を書いていません。）

> 否定文でも過去分詞は
> 原形には戻さないよ。

✌覚えよう　have not の短縮形は haven't，has not の短縮形は hasn't。

I **haven't** met Emi since last year.
（私は昨年からずっとエミに会っていません。）

Cathy **hasn't** cleaned her room for a week.
（キャシーは 1 週間，ずっと彼女の部屋を掃除していません。）

確認問題

🖐 **1** 次の日本文に合うように，（　　）内から適する語を選びましょう。
私はサムに 2 年間会っていません。I (do / have) not met Sam for two years.

✌ **2** 次の英文の下線部を短縮形に書きかえましょう。
(1) I have not known him.　→ I ＿＿＿＿＿＿ known him.
(2) It has not rained.　→ It ＿＿＿＿＿＿ rained.

✌ **3** 次の英文の日本語訳を書きましょう。
(1) They haven't been in the classroom since this morning.
彼らは（　　　　　　　　　　　　　　　　　　　　　　　　　　　　）。
(2) She hasn't played the piano for many years.
彼女は何年もの間（　　　　　　　　　　　　　　　　　　　　　　　）。

練習問題

1 次の日本文に合うように，＿＿＿に適する語を書きましょう。

> catchの過去分詞は
> caughtだよ。

(1) 私はこの前の 11 月からずっと風邪をひいていません。

catch a cold

I have ＿＿＿＿＿＿ ＿＿＿＿＿＿ a cold since last November.

(2) サムはこの前の 4 月から京都を訪れていません。

Sam ＿＿＿＿＿＿ ＿＿＿＿＿＿ visited Kyoto since last April.

(3) ケイコは 1 週間，忙しくありません。

Keiko ＿＿＿＿＿＿ ＿＿＿＿＿＿ busy ＿＿＿＿＿＿ a week.

2 次の日本文に合うように，（　）内の語(句)を並べかえましょう。

(1) 私は長い間，手紙を書いていません。

I (have / letters / not / written / for) a long time.

I ＿＿＿＿＿＿＿＿＿＿＿＿＿＿＿＿＿＿＿＿＿＿＿＿＿ a long time.

(2) 私は兄に昨年から会っていません。

(met / I / since / my brother / haven't) last year.

＿＿＿＿＿＿＿＿＿＿＿＿＿＿＿＿＿＿＿＿＿＿＿＿＿ last year.

3 次の英文を否定文に書きかえましょう。

(1) My father has worked at the library for ten years.

＿＿＿＿＿＿＿＿＿＿＿＿＿＿＿＿＿＿＿＿＿＿＿＿＿

(2) She has eaten *sushi* since then.

＿＿＿＿＿＿＿＿＿＿＿＿＿＿＿＿＿＿＿＿＿＿＿＿＿

4 音声に対する答えとして，適当なものを選びましょう。

(A) I have not eaten anything since yesterday.

(B) I have not done any exercise at all sicne yesterday.

6 「（ずっと）～していますか」

✔チェックしよう！

☝覚えよう 現在完了の〈継続〉の疑問文は〈Have[Has]＋主語＋過去分詞 ～?〉の形。

☝覚えよう 答えるときは，Yes か No と have[has]を使う。

疑問文 **Have you stayed here since last year?**
（あなたは昨年からずっとここに滞在していますか。）
— **Yes, I have.** （はい，しています。）
— **No, I have not[haven't].** （いいえ，していません。）

✌覚えよう 「どのくらいの間（ずっと）～していますか」と期間をたずねる文は
〈How long have[has]＋主語＋過去分詞 ～ ?〉の語順。

How longの文 **How long have you played the piano?**
（どのくらいの間，あなたはピアノを弾いていますか。）
— **I have played it for ten years.**
（私は10年間，それを弾いています。）

> 「どのくらいの間」と聞かれたら，
> 具体的に〈期間〉を答えよう。

確認問題

☝ **1** 次の英文を疑問文に書きかえるとき，＿＿に適する語を書きましょう。
あなたは今朝からずっと数学を勉強しています。
You have studied math since this morning.
→ ＿＿＿＿＿＿ you studied math since this morning?

✌ **2** 次の英語の質問に，Yes, No それぞれで答えるとき，＿＿に適する語を書きましょう。
Have you waited for Tom for two hours?
— Yes, I ＿＿＿＿＿. / — No, I ＿＿＿＿＿.

✌ **3** 次の日本文に合うように，（　　）内の語を並べかえましょう。
彼らはどのくらいの間，サッカーを練習していますか。
How (have / they / long) practiced soccer?
How ＿＿＿＿＿＿＿＿＿＿＿＿＿＿＿＿＿＿＿＿＿ practiced soccer?

1 次の日本文に合うように，＿＿に適する語を書きましょう。

(1) あなたはこの自転車を長い間使っていますか。

＿＿＿＿＿＿ you ＿＿＿＿＿＿ this bike for a long time?

(2) シホはどのくらいの間，この部屋にいますか。

＿＿＿＿＿＿ ＿＿＿＿＿＿ has Shiho been in this room?

> (2)「どのくらいの間」の意味を表す語句は何かな。

(3) 彼女は2年間，日本に住んでいますか。

＿＿＿＿＿＿ she lived in Japan ＿＿＿＿＿＿ two years?

2 次の日本文に合うように，（　）内の語(句)を並べかえましょう。

(1) あなたは昨日からずっと具合が悪いのですか。

(been / have / since / sick / you) yesterday?

＿＿＿＿＿＿＿＿＿＿＿＿＿＿＿＿＿＿＿＿＿ yesterday?

(2) ミホとケンはどのくらいの間，あなたを知っていますか。

(long / have / Miho and Ken / you / how / known)?

＿＿＿＿＿＿＿＿＿＿＿＿＿＿＿＿＿＿＿＿＿ ?

3 次の英文の日本語訳を書きましょう。

(1) Have you studied English for three years?

あなたは3年間，英語を（　　　　　　　　　　　　　　）。

(2) How long has Mika played tennis?

ミカは（　　　　　　　　　　　）テニスを（　　　　　　　　　）。

4 次の英文を，（　）内の指示に合うように書きかえましょう。

(1) Mr. Ito has taught math since 2002. （疑問文に）

＿＿＿＿＿＿＿＿＿＿＿＿＿＿＿＿＿＿＿＿＿＿＿

(2) They have been in Kyoto <u>for five days</u>. （下線部をたずねる文に）

＿＿＿＿＿＿＿＿＿＿＿＿＿＿＿＿＿＿＿＿＿＿＿

5 対話文を聞いて，Jack がサッカーをどのくらいの期間しているか，適当なものを選びましょう。

きこう！ 音声データ

(A) 1年　　　(B) 半年　　　(C) 10年

7 「ずっと〜し続けている」

✔ チェックしよう！

覚えよう 「ずっと〜し続けている」は
〈主語＋have [has] ＋been ＋〜ing〉の語順。

> 過去〜現在までずっと
> 続いていることを表すよ。

I have been playing soccer for two hours.
（私は２時間サッカーをし続けています。）

覚えよう 「どのくらいずっと〜し続けていますか」という疑問文にする場合は，
〈How long have [has] ＋主語＋been＋〜 ing?〉の語順。

How long have you been playing soccer?
（あなたはどのくらいずっとサッカーをし続けていますか。）

確認問題

1 次の日本文に合うように，（　　）内から適する語（句）を選びましょう。

(1) 私は彼を２時間待ち続けています。

I have been (waited / waiting) for him for two hours.

(2) 彼女は手紙を３時間書き続けています。

She has (be writing / been writing) a letter for three hours.

2 次の日本文に合うように，（　　）内の語を並べかえましょう。

(1) 私は数学を５時間勉強し続けています。

I (math / studying / been / for / have) five hours.

I ＿＿＿＿＿＿＿＿＿＿＿＿＿＿＿＿＿＿ five hours.

(2) 彼女は８時間仕事をし続けています。

She (working / for / has / been) eight hours.

She ＿＿＿＿＿＿＿＿＿＿＿＿＿＿＿＿ eight hours.

(3) 彼女はどのくらい長く眠り続けていますか。

(she / how / been / long / has) sleeping?

＿＿＿＿＿＿＿＿＿＿＿＿＿＿＿＿＿ sleeping?

3 次の日本文に合うように，＿＿＿に適する語を書きましょう。

(1) 彼は１時間ずっと歌い続けています。

He ＿＿＿＿＿ ＿＿＿＿＿ ＿＿＿＿＿ for an hour.

(2) あなたはどのくらいテレビゲームをし続けていますか。

＿＿＿＿＿ ＿＿＿＿＿ ＿＿＿＿＿you ＿＿＿＿＿ playing video games?

1 次の日本文に合うように，（　　）内から適する語(句)を選びましょう。

(1) 私は今朝からフランス語を勉強しています。

〈have＋been＋～ing〉の語順に気をつけよう。

I (have studying / have been studying) French (for / since) this morning.

(2) 彼は公園を２時間走り続けています。

He (has running / has been running) in the park (for / since) two hours.

2 次の日本文に合うように，（　　）内の語(句)を並べかえましょう。

(1) 彼はこの本を１週間読み続けています。

He (a week / this / reading / been / book / for / has).

He ＿＿＿＿＿＿＿＿＿＿＿＿＿＿＿＿＿＿＿＿＿＿＿ .

(2) 雨が先週から降り続いています。

(last week / raining / since / been / has / it).

＿＿＿＿＿＿＿＿＿＿＿＿＿＿＿＿＿＿＿＿＿＿＿ .

(3) あなたはどのくらい日本に滞在していますか。

(Japan / long / you / staying / been / how / have / in)?

＿＿＿＿＿＿＿＿＿＿＿＿＿＿＿＿＿＿＿＿＿＿＿ ?

3 次の日本文に合うように，＿＿＿に適する語を書きましょう。

(1) 私は彼女を１時間待ち続けています。

I ＿＿＿＿＿＿ ＿＿＿＿＿＿ ＿＿＿＿＿＿ for her for one hour.

(2) どのくらいポテトチップスを食べ続けていますか。

How ＿＿＿＿＿＿ ＿＿＿＿＿＿ you ＿＿＿＿＿＿ ＿＿＿＿＿＿ potato chips?

4 音声に対する答えとして，適当なものを選びましょう。

(A) I have been writing it for five hours.

(B) I have been studying it for five hours.

きこう！
音声データ

8 現在完了形のまとめ

✔チェックしよう！

✌覚えよう 〈完了〉は「〜してしまった」という意味。

I have just finished my homework.
(私はちょうど宿題が終わりました。)

✌覚えよう 〈経験〉は「〜したことがある」という意味。

I have been to China six times.
(私は中国に6回行ったことがあります。)

✌覚えよう 〈継続〉は「〜し続けている」という意味。

He has lived in Tokyo for ten years.
(彼は東京に10年間住んでいます。)

☑現在完了進行形「〜し続けている」

I have been studying English for three years.
(私は英語を3年間勉強し続けています。)

> 現在完了の用法は〈完了〉〈経験〉〈継続〉の3つがあるよ。

確認問題

1 次の日本文に合うように，（　）内から適する語(句)を選びましょう。

(1) 私は夕食を食べてしまいました。　I (eaten / have eaten) dinner.

(2) アメリカに住んだことはありますか。　(Did / Have) you lived in America?

2 次の日本文に合うように，（　）内の語(句)を並べかえましょう。

(1) 私は一度もこの曲を聴いたことがありません。　I (this song / never / heard / have).

　I _____ .

(2) 今までにこの道具を使ったことはありますか　Have (this tool / used / ever / you)?

　Have _____ ?

3 次の日本文に合うように，_____に適する語を書きましょう。

(1) 彼は3時間サッカーの練習をし続けています。

　He _____ _____ _____ soccer for three hours.

(2) あなたはどのくらいバイオリンを弾き続けていますか。

　How _____ the violin?

1 次の日本文に合うように，（　　）内から適する語(句)を選びましょう。

(1) 彼は駅に向けて出発しました。

He (has leave / has left) for the station.

(2) ジェーンは部屋の掃除をすでに終えてしまいました。

Jane (has just cleaned / has already cleaned) her room.

2 次の日本文に合うように，（　　）内の語(句)を並べかえましょう。

(1) 私はその山に1回登ったことがあります。　I (the mountain / once / climbed / have) .

I _____ .

(2) 彼はまだ新聞を読んでいません。　He (the newspaper / yet / read / hasn't).

He _____ .

(3) 今までにその映画を見たことはありますか。　(the movie / you / seen / ever / have)?

_____ ?

3 次の日本文に合うように，_____ に適する語を書きましょう。

(1) 私は今朝から何も食べていません。

（2)「2回」と言うとき，
two timesは使わないよ。

I _____ _____ anything _____ this morning.

(2) 私はオーストラリアでコアラを2回見たことがあります。

I _____ _____ a koala in Australia _____ .

(3) 彼はその物語を2年間書き続けています。

He _____ _____ _____ the story _____ two years.

4 音声に対する答えとして，適当なものを選びましょう。

(A) My cousin lives in Europe.

(B) I have been to Europe once.

1 It is … to 〜「〜することは…だ」

✔ チェックしよう！

👆 **覚えよう**　「〜することは…だ」は〈It is … to＋動詞の原形〉で表す。

【 元の文 】 To play tennis is difficult.
= It is difficult to play tennis.
（テニスをすることは難しいです。）

> 文頭のItは後ろのto
> 以下を指しているよ。

✌ **覚えよう**　「(人)が〜することは…だ」と言うときは〈for 人〉を
〈to＋動詞の原形〉の直前に置く。

It is difficult for Jack to play tennis.
（ジャックがテニスをすることは難しいです。）

🤟 **覚えよう**　〈It is … to＋動詞の原形〉の否定文は〈It is not … to＋動詞の原形〉，
疑問文は〈Is it … to＋動詞の原形?〉の語順。

It is not difficult to play tennis.
（テニスをすることは難しくありません。）

Is it difficult to play tennis?
（テニスをすることは難しいですか。）

確認問題

👆 **1** 次の日本文に合うように，（　　）内から適する語を選びましょう。

野球をすることはわくわくします。

(It / That) is exciting to play baseball.

✌ **2** 次の日本文に合う英文になるように，あとの（　　）内の語句を入れとき，適する
場所をア〜ウの中から選びましょう。

私がピアノを練習することは大切です。

It is important to practice the piano . （for me）
　　ア　　　　イ　　　　　　　　　　ウ

🤟 **3** 次の英文を It で始まる文に書きかえましょう。

To get up early is not easy.

= It _____ .

1 次の日本文に合うように，＿＿＿＿に適する語を書きましょう。

(1) コンピューターを使うことは難しいです。

＿＿＿＿＿＿ is difficult ＿＿＿＿＿＿ ＿＿＿＿＿＿ a computer.

(2) この川で泳ぐことは危険です。

＿＿＿＿＿＿ is dangerous ＿＿＿＿＿＿ ＿＿＿＿＿＿ in this river.

(3) 朝食を食べることは子供たちにとって良いことです。

＿＿＿＿＿＿ is good ＿＿＿＿＿＿ children ＿＿＿＿＿＿ eat breakfast.

2 次の日本文に合うように，（　）内の語(句)を並べかえましょう。

(1) 紙を再利用することが必要です。 (is / paper / to / necessary / it / recycle).
　　　　　　　　　　　　　　　　　　必要な　　　　　　再利用する

＿＿＿＿＿＿＿＿＿＿＿＿＿＿＿＿＿＿＿＿＿＿＿＿＿＿＿＿＿＿＿＿ .

(2) 今，宿題をするほうがいいですか。(do / better / to / is / now / it / my homework)?

＿＿＿＿＿＿＿＿＿＿＿＿＿＿＿＿＿＿＿＿＿＿＿＿＿＿＿＿＿＿＿＿ ?

3 次の英文の日本語訳を書きましょう。

(1)wasが使われているから，過去の文だね。

(1) It was hard for me to ride a bike. (　　　　　　　　　　　　　　)

(2) It is not easy for them to win the game. (　　　　　　　　　　　　)

4 次の英文を同じ内容に書きかえるとき，＿＿＿＿に適する語を書きましょう。

(1) 本を読むことはおもしろいです。　To read books is interesting.

→ ＿＿＿＿＿＿ is interesting ＿＿＿＿＿＿ read books.

(2) 歴史を学ぶことは大切です。　To learn history is important.

→ ＿＿＿＿＿＿ is important ＿＿＿＿＿＿ learn history.

5 音声に対する答えとして，適当なものを選びましょう。

(A) No, it isn't. 　(B) Yes, they do.

2 「(人)に〜してほしい」

✔チェックしよう！

 〈want＋(人)＋to＋動詞の原形〉で
「(人)に〜してほしい」という意味を表す。

> want to 〜「〜したい」
> とは意味がちがうよ。

I want Ken to play the piano.
（私はケンにピアノを弾いてほしいです。）

 〈ask＋(人)＋to＋動詞の原形〉で
「(人)に〜するように頼む」という意味を表す。

I asked Ken to play the piano.
（私はケンにピアノを弾いてくれるように頼みました。）

 〈tell＋(人)＋to＋動詞の原形〉で
「(人)に〜するように言う」という意味を表す。

My mother told me to come home by six.
（私の母は私に6時までには帰宅するように言いました。）

確認問題

 1 次の英文の日本語訳を書きましょう。

(1) I want to become a doctor.

　　私は（　　　　　　　　　　　　　　　　　　　　　　　　　　　　　）。

(2) I want you to become a doctor.

　　私は（　　　　　　　　　　　　　　　　　　　　　　　　　　　　　）。

2 次の日本文に合うように，（　　）内から適する語(句)を選びましょう。

彼女は私に英語を教えてくれるように頼みました。

She (asked / asked me) to teach English.

3 次の日本文に合うように，（　　）内の語(句)を並べかえましょう。

彼にこの本を読むように言ってください。

Please (this book / him / tell / read / to).

Please _____ .

1 次の日本文に合うように，_____ に適する語を書きましょう。

(1) 私はケンに彼のカメラを持ってくるように頼みました。

I _____ Ken _____ bring his camera.

> (1)「頼みました」だから過去の文だよ。

(2) 彼はミキに５時に自分に電話するように言いました。

He _____ Miki _____ call him at five.

2 次の日本文に合うように，（　　）内の語（句）を並べかえましょう。

(1) 私は姉に英語を教えてほしいです。

I (teach / want / to / my sister) me English.

> (1)〈want＋人＋to＋動詞の原形〉の語順だよ。

I _____ me English.

(2) ジュディは彼らに一生懸命にテニスを練習するように言いました。

Judy (practice / to / them / told / hard / tennis).

Judy _____ .

(3) ケンは私に手伝ってくれるように頼みました。

Ken (me / asked / help / him / to).

Ken _____ .

3 次の英文の日本語訳を書きましょう。

(1) I want you to join the party.

(　　　　　　　　　　　　　　　　　　　　　　　　　)

(2) Tony asked Jane to write a letter to him.

(　　　　　　　　　　　　　　　　　　　　　　　　　)

(3) My mother told me to say hello to the woman.

(　　　　　　　　　　　　　　　　　　　　　　　　　)

4 対話文が流れます。その一部を抜き出した以下の文にあてはまる語を書きましょう。

きこう！
音声データ

She wanted _____ _____ clean my room.

3 「(人)に〜させる」「(人)が〜するのを助ける」

✔ チェックしよう！

 覚えよう 〈let＋(人)＋動詞の原形〉で
「(人)に〜させてやる」「(人)が〜するのを許す」という意味を表す。

My father let me drive his car.
（私の父は私に父の車の運転をさせてくれました。）

letの活用はlet-let-letだよ。
lettedにしちゃだめだよ。

覚えよう 〈help＋(人)＋動詞の原形〉で
「(人)が〜するのを助ける」という意味を表す。

My brother helped me do my homework.
（私の兄は私が宿題をするのを手伝いました。）

確認問題

1 次の日本文に合うように，（　　）内から適する語(句)を選びましょう。

(1) 自己紹介させてください。

　Please let me (introduce / to introduce) myself.

(2) 私は父が車を洗うのを手伝いました。

　I helped my father (wash / washed) his car.

2 日本文に合うように，（　　）内の語(句)を並べかえましょう。

(1) あなたの住所を私に知らせてください。　Please (your address / know / let / me).

　Please _____ .

(2) 私は母が昼食を料理するのを手伝いました。　I (lunch / my mother / helped / cook).

　I _____ .

3 次の日本文に合うように，_____に適する語を書きましょう。

(1) もう一枚写真を撮らせてください。

　_____ me _____ one more picture.

(2) トムはジェーンがそのニュースを理解するのを助けました。

　Tom _____ Jane _____ the news.

1 次の日本文に合うように，（　）内から適する語を選びましょう。

(1) 彼女の父は，彼女が外出するのを許さないでしょう。

Her father won't let her (go / goes) out.

(2) 彼は母親が部屋の掃除をするのを手伝いました。

He helped his mother (clean / cleaning) her room.

2 次の日本文に合うように，（　）内の語を並べかえましょう。

(1) あなたの声を聞かせてください。　Please (voice / me / your / hear / let).

Please ＿＿＿＿＿＿＿＿＿＿＿＿＿＿＿＿＿＿＿＿ .

(2) 彼らは私がこの机を動かすのを手伝いました。　They (desk / me / this / move / helped).

They ＿＿＿＿＿＿＿＿＿＿＿＿＿＿＿＿＿＿＿＿ .

3 次の日本文に合うように，＿＿＿に適する語を書きましょう。

「手伝いました」だから過去形だよ。

(1) その先生は生徒たちが英語で手紙を書くのを手伝いました。

The teacher ＿＿＿＿＿＿ the students ＿＿＿＿＿＿ a letter in English.

(2) あなたの誕生日を私に知らせてください。

Please ＿＿＿＿＿＿ me ＿＿＿＿＿＿ your birthday.

4 次の英文の日本語訳を書きましょう。

(1) Let me do it.

（　　　　　　　　　　　　　　　　　　　　　　　　　　　）

(2) She helped her children change their clothes.
服

（　　　　　　　　　　　　　　　　　　　　　　　　　　　）

5 音声に対する答えになるように，＿＿＿に適する語を書きましょう。

きこう♪ 音声データ

My father ＿＿＿＿＿＿ .

4 間接疑問文

✔ チェックしよう！

☑ 文の中に疑問詞で始まる疑問文が入りこんだ文を間接疑問文という。

👆 **覚えよう**　間接疑問文は〈主語＋動詞＋疑問詞＋主語＋動詞〉の語順。

┌ I don't know him.　**Who is he?**
│ （私は彼を知りません。）　　　（彼は誰ですか。）
│ 　　　　　　　　　　　　　　疑問詞　主語　動詞
└→ I don't know who he is. （私は彼が誰か知りません。）

✌ **覚えよう**　〈疑問詞＋主語＋動詞〉の語順は疑問文の中でも変わらない。

　　　　　　　疑問詞　主語　動詞
Do you know who he is?
（あなたは彼が誰か知っていますか。）

Do you ～?の文にYes / Noを使って答えるのは, 間接疑問文でも同じだよ。

🤟 **覚えよう**　間接疑問で疑問詞が主語になっているときは, 疑問詞のすぐあとに動詞を続ける。

┌ I don't know.　**Who cleans** this room?
│ 　　　　　　　　　　疑問詞　　　動詞
│ （私は知りません。）　（誰がこの部屋を掃除していますか。）
│ 　　　　　　　　　疑問詞　　　動詞
└→ I don't know who cleans this room.
（私は誰がこの部屋を掃除しているか知りません。）

確認問題

👆 **1** 次の日本文に合うように, （　　）内から適する語句を選びましょう。
私は彼女が誰か知っています。　　　　　　I know (who is she / who she is).

✌ **2** 次の日本文に合うように, （　　）内の語を並べかえましょう。
あなたはこれが何か知っていますか。　　Do you know (this / what / is)?
Do you know _____?

🤟 **3** 次の日本文に合うように, ___に適する語を書きましょう。
私は誰がこの本を書いたのか知っています。

「書いた」なので過去形だよ。

I know _____ _____ this book.

練習問題

1 次の日本文に合うように，＿＿に適する語を書きましょう。

(1) 私は彼女がどこの出身か知っています。　　　I know ＿＿＿＿＿＿ she is from.

(2) ブラウン先生は私たちがいつそこにいたか，たずねました。

Mr. Brown asked ＿＿＿＿＿＿ we were there.

> それぞれの日本文から，疑問詞が何になるかを考えよう。

(3) あなたは誰がその映画を作るか知っていますか。

Do you know ＿＿＿＿＿＿ makes the movie?

2 次の英文を（　　）内の語句に続けて1文に書きかえましょう。

(1) Why did Ken say so?　(Emi knows)

＿＿＿＿＿＿＿＿＿＿＿＿＿＿＿＿＿＿＿＿＿＿＿＿＿＿＿＿＿＿＿

(2) Who is that woman?　(Please tell me)

＿＿＿＿＿＿＿＿＿＿＿＿＿＿＿＿＿＿＿＿＿＿＿＿＿＿＿＿＿＿＿

(3) Where should I go?　(I don't know)

＿＿＿＿＿＿＿＿＿＿＿＿＿＿＿＿＿＿＿＿＿＿＿＿＿＿＿＿＿＿＿

3 次の英文の日本語訳を書きましょう。

(1) I know when his birthday is.

私は（　　　　　　　　　　　　　　　　　　　　　　　　）知っています。

(2) I want to know where Tom went.

私は（　　　　　　　　　　　　　　　　　　　　　　　　　　　　　）。

(3) Do you know how she became a singer?

（　　　　　　　　　　　　　　　　　　　　　　　　　　　　　　　）

4 対話文を聞いて，対話が行われている場所として
適当なものを選びましょう。

きこう！
音声データ

(A) ボーリング場　　　(B) 学校　　　(C) スキー場

「(人)に~を伝える」

✔チェックしよう！

覚えよう　tell＋(人)＋〈疑問詞＋主語＋動詞〉で「(人)に…を教える」という意味を表す。

普通の疑問文　Where is he? (彼はどこですか。)

→ Please tell me where he is.
(彼がどこにいるか教えてください。)

普通の疑問文　Where does he live? (彼はどこに住んでいますか。)

→ Please tell me where he lives.
(彼はどこに住んでいるか教えてください。)

> 疑問詞の後ろは〈主語＋動詞〉の語順に戻るよ。

覚えよう　ask＋(人)＋〈疑問詞＋主語＋動詞〉で「(人)に…をたずねる」という意味を表す。

I asked him where he lived.
(私は彼がどこに住んでいるかたずねました。)

確認問題

1 次の日本文に合うように，(　　) 内から適する語句を選びましょう。

(1) 彼は誰だか私に教えてください。

　Please tell me who (is he / he is).

(2) 私は彼にいつ彼が来るのかたずねました。

　I asked him when he (will come / would come).

2 次の日本文に合うように，(　　) 内の語(句)を並べかえましょう。

(1) それが何か私に教えてください。

　Please (me / what / is / tell / it).

　Please _____.

(2) 彼女は父親にいつアメリカに行くのかたずねました。

　She (when / her father / asked / would go / he) to America.

　She _____ to America.

練習問題

1 次の日本文に合うように，（　）内から適する語句を選びましょう。

(1) 彼は私に彼女がどこに滞在しているか教えました。

He told me where (did she stay / she stayed).

> tell / ask＋人＋〈疑問詞＋主語＋動詞〉の語順に気をつけよう！

(2) 彼は私に何をしているかたずねました。

He asked me what (I was doing / was I doing).

2 次の日本文に合うように，（　）内の語(句)を並べかえましょう。

(1) 私は友人たちになぜその歌手が好きかを話しました。

I (the singer / liked / why / my friends / told / I).

I _____ .

(2) 彼は父親にそれをどのように使うべきかたずねました。

He (use / asked / should / it / his father / how/ he).

He _____ .

3 次の日本文に合うように，＿＿＿＿に適する語を書きましょう。

(1) 彼は私に，今私が何をするべきか話しました。

He _____ me _____ I _____ do now.

(2) 彼女は私になぜパーティーに行かないのかたずねました。

She _____ me _____ I _____ not go to the party.

4 次の英文を指示に従って，書きかえましょう。

(1) She asked her son. と Where was he going? を１つの文に。

→ She asked _____ .

(2) He told me. と How should I answer the question? を１つの文に。

→ He told _____ .

5 音声に対する答えとして，適当なものを選びましょう。

(A) You should read your textbook every day.

(B) I will study English tomorrow.

 スマホでサクッとチェック ≫ P2

1 現在分詞「…している〜」

✔チェックしよう！

覚えよう 現在分詞を使って「…している〜」と名詞を説明することができる。

覚えよう 現在分詞が1語で名詞を説明するときは〈現在分詞＋名詞〉の語順。

That boy is Mike. ＋ He is singing.
(あの少年はマイクです。)　　　(彼は歌っています。)

⇩

That singing [boy] is Mike.

(あの歌っている少年はマイクです。)

覚えよう 〈現在分詞＋語(句)〉が名詞を説明するときは，〈名詞＋現在分詞 〜〉の語順。

> 名詞を説明する語が現在分詞だけ→名詞の前
> 現在分詞とほかの語がある→名詞の後ろに置くよ。

The [boy] singing over there is Mike.

(向こうで歌っている少年はマイクです。)

確認問題

1 次の一般動詞の現在分詞を書きましょう。

(1) play _____ (2) take _____ (3) swim _____

2 次の日本語に合うように，(　　)内の語を正しい形に変えましょう。

(1) 走っている少年　　　(2) 歩いている男性
a (run) boy　　　　　a (walk) man

a _____ boy　　a _____ man

> 現在分詞1語であとの名詞を説明しているね。

3 次の日本文に合うように，(　　)内の語を正しい形に変えましょう。

(1) 道路を掃除している女性はエトウさんです。

The woman (clean) the road is Ms. Eto. _____

(2) 本を読んでいる男の子はケンタです。

The boy (read) a book is Kenta. _____

> 名詞を後ろから説明しているね。

練習問題

1 次の日本文に合うように，_____に適する語を書きましょう。

(1) あの踊っている少年はトムです。　　　That _____ boy is Tom.

(2) あのコンピューターを使っている女性はイトウさんです。

The woman _____ that computer is Ms. Ito.

(3) 台所で料理をしている少女たちはエミの姉妹です。

The girls _____ in the kitchen are Emi's sisters.

2 次の英文に（　　）内の語(句)を入れるとき，適する場所をア〜エの中から選びましょう。

(1) That　girl　is　Emi　.　(skiing)
　　　ア　　イ　ウ　　エ

> 現在分詞1語のときは名詞の前，
> 2語以上のときは名詞の後ろに置くよ。

(2) The　woman　is　Ms. Sano　.　(writing on the blackboard)
　　　ア　　　イ　　ウ　　　　エ

3 次の日本文に合うように，（　　）内の語(句)を並べかえましょう。

(1) 車を洗っている男性は私の父です。

> 〈名詞＋現在分詞＋語句〉の形が，
> 文の主語になっているよ。

The man (is / the car / my father / washing).

The man _____ .

(2) ベッドの上で眠っているネコは私たちのものです。

(on / the cat / ours / is / sleeping / the bed).

_____ .

(3) 水を飲んでいる少年はユカのお兄さんです。

(water / brother / drinking / is / the boy / Yuka's).

_____ .

4 音声に対する答えとして，適当なものを選びましょう。

（A）His name is Jack.

（B）I don't like his voice.

2 過去分詞「…された〜」

✔チェックしよう！

☝ **覚えよう** 過去分詞を使って「…された〜」と名詞を説明することができる。

✌ **覚えよう** 過去分詞が1語で名詞を説明するときは〈過去分詞＋名詞〉の語順。

That is a window. + The window is broken.
(あれは窓です。)　　　　　　　　　　(その窓は割れています。)

⇩

That is a broken window. (あれは割れた窓です。)

> 過去分詞1語なら名詞の前,〈過去分詞＋語(句)〉なら名詞の後ろに置くんだね。

🖐 **覚えよう** 〈過去分詞＋語(句)〉が名詞を説明するときは,
〈名詞＋過去分詞 〜〉の語順。

That is the window broken by Ken.

(あれはケンによって割られた窓です。)

確認問題

☝ **1** 次の一般動詞の過去分詞を書きましょう。

(1) speak _____　(2) take _____　(3) make _____

✌ **2** 次の日本語に合うように,（　）内の語を正しい形に変えましょう。

(1) 掃除された部屋　　　　(2) 洗われた皿

a (clean) room　　　　　a (wash) dish

a _____ room　　a _____ dish

🖐 **3** 次の日本文に合うように,（　）内の語を正しい形に変えましょう。

(1) これは壊れた腕時計です。

This is a (break) watch. _____

> 「〜された」「〜されている」という受け身の意味にするには動詞をどう変えるのかな？

(2) コウジによって使われている自転車は古いです。

The bike (use) by Koji is old. _____

1 次の日本文に合うように，＿＿＿に適する語を書きましょう。

「～された」は過去分詞で表すよ。

(1) おじからもらったこの辞書は役に立ちます。

This dictionary ＿＿＿＿＿＿ by my uncle is useful.

(2) 私は約200年前に建てられた寺を訪れました。

I visited a temple ＿＿＿＿＿＿ about two hundred years ago.

(3) 雪におおわれたあの山は富士山です。

That mountain ＿＿＿＿＿＿ with snow is Mt. Fuji.

2 次の英文に（　　）内の語(句)を入れるとき，適する場所をア～エの中から選びましょう。

(1) The clock was old . (broken)
　　　　ア　　イ　　ウ エ

名詞を過去分詞1語で説明するとき→名詞の前
2語以上で説明するとき→名詞の後ろに置くよ。

(2) This is the cake . (made by my mother)
　　 ア イ　 ウ　　 エ

3 次の日本文に合うように，（　　）内の語(句)や符号を並べかえましょう。

(1) パーティーに招待された人々は夕食を楽しみました。

The people (the party / to / invited) enjoyed dinner.

The people ＿＿＿＿＿＿＿＿＿＿＿＿＿＿＿＿＿＿＿＿＿ enjoyed dinner.

(2) 料理された魚はとても大きかったです。

(the / very / was / fish / big / cooked).

＿＿＿＿＿＿＿＿＿＿＿＿＿＿＿＿＿＿＿＿＿ .

(3) あの少年たちによって歌われている歌は私のお気に入りです。

(those boys / sung / my favorite / is / by / the song).

＿＿＿＿＿＿＿＿＿＿＿＿＿＿＿＿＿＿＿＿＿ .

4 対話文を聞いて，2人が今食べているものとして適当なものを選びましょう。

きこう！
音声データ

(A) fish　　　(B) meat　　　(C) salad

1 名詞を修飾する文〈名詞＋主語＋動詞〉

✔ チェックしよう！

👆 **覚えよう** 〈主語＋動詞〉のかたまりで直前の名詞を説明することができる。

✌ **覚えよう** 〈主語＋動詞〉で説明する名詞が主語のとき，そのあとに続く動詞の形は
前の名詞に合わせる。

The [pictures] are beautiful. + He took [them].
(その写真は美しいです。)　　　　　　　　(彼がそれらを撮りました。)

⇩

主語　　動詞
The [pictures] he took **are** beautiful.

(彼が撮った写真は美しいです。)

主語のThe picturesが
複数だからareになるよ。

This is the [picture]. + He took [it].
(これはその写真です。)　　(彼がそれを撮りました。)

⇩

主語　　動詞
This is the [picture] he took. (これは彼が撮った写真です。)

確認問題

👆 **1** 次の英文の日本語訳を書きましょう。

The soccer game I watched last night was exciting.

(　　　　　　　　　　　　　　　　　　　　　　　) はわくわくしました。

✌ **2** 次の日本文に合うように，(　　) 内から適する語を選びましょう。

エミが買ったこれらの本はおもしろいです。These books Emi bought (is / are) interesting.

✌ **3** 次の英文に (　　) 内の語句を入れるとき，適する場所をア～エの中から選びましょう。

(1) The　girl　was　Emi . (I called yesterday)
　　　ア　　イ　　ウ　エ

(　　) 内の語句が説明して
いる名詞はどれかな？

(2) The　library　is　near　our　school. (she likes)
　　　ア　　　イ　ウ　　エ

練習問題

1 次の日本文に合うように，＿＿＿＿に適する語を書きましょう。

(1) この建物は多くの子どもたちが訪れる場所です。

This building is the place ＿＿＿＿＿ ＿＿＿＿＿ ＿＿＿＿＿.

(2) 私が運んでいるこの箱は重いです。

> 時制が現在か過去かによって，動詞が変わることに注意しよう。

This box ＿＿＿＿＿ ＿＿＿＿＿ ＿＿＿＿＿ is heavy.

(3) これはおばが私に買ってくれたペンです。

This is the pen my aunt ＿＿＿＿＿ ＿＿＿＿＿ me.

2 次の日本文に合うように，（　）内の語(句)を並べかえましょう。

(1) 私は村上春樹が書いた本を持っています。

I have (some books / wrote / Murakami Haruki).

> 〈主語＋動詞〉が名詞を後ろから説明する形にするよ。

I have ＿＿＿＿＿＿＿＿＿＿＿＿＿＿＿＿＿＿.

(2) エミはお母さんが作ってくれるケーキが好きです。

Emi (the cake / likes / makes / her mother).

Emi ＿＿＿＿＿＿＿＿＿＿＿＿＿＿＿＿＿＿.

(3) あなたが描く絵は美しいです。

(beautiful / the pictures / are / draw / you).

＿＿＿＿＿＿＿＿＿＿＿＿＿＿＿＿＿＿＿＿.

3 次の英文を同じ内容の1文に書きかえるとき，＿＿＿＿に適する英語を書きましょう。

(1) Jim wrote this story. It is exciting.

→ This story ＿＿＿＿＿ ＿＿＿＿＿ ＿＿＿＿＿ exciting.

(2) I know the boy. You saw him yesterday.

→ I know the boy ＿＿＿＿＿ ＿＿＿＿＿ yesterday.

4 音声に対する答えとして，適当なものを選びましょう。

（A）You were lucky. When I went to buy it, it has already gone.

（B）Wow, have you ever met Murakami Haruki?

2 関係代名詞 who「〜する人」

✔チェックしよう！

☑ 「トムは日本語を話す 学生 です」のような形で名詞を説明するときは，関係代名詞 という語を使うことがある。このときの「説明される名詞」を先行詞という。

☝覚えよう 関係代名詞 who は，先行詞が〈人〉のときに使う。

✌覚えよう 〈先行詞＋ who ＋動詞〉の語順。

🖐覚えよう whoのあとの動詞の形は，先行詞の人称や数に合わせる。

I have a friend. + He plays tennis.
（私には友達がいます。）　関係　　　　（彼はテニスをします。）
　　　　　　　　　　　代名詞に

　　　　　　　　先行詞　　　　　　　　　動詞
I have a friend who plays tennis.

（私にはテニスをする友達がいます。）

> whoのあとはa friendに合わせてplaysになっているよ。

確認問題

☝ **1** 次の日本文に合うように，_____ に適する語を ⌐ ¬内から選びましょう。

あそこを歩いている女の子はマリです。

The girl _____ is walking there is Mari.

> 先行詞はthe girlで，〈人〉を表しているよ。

｜ what　who　where ｜

✌ **2** 次の日本語に合うように，（　　）内の語を並べかえましょう。

速く泳ぐ少年　a (swims / who / boy) fast

a _____ fast

🖐 **3** 次の日本文に合うように，（　　）内から適する語を選びましょう。

(1) 彼らには上手にピアノを弾くお姉さんがいます。

They have a sister who (play / plays) the piano well.

(2) 彼女には料理が上手な友達がいます。

She has a friend who (is / are) a good cook.

練習問題

1 次の日本文に合うように，_____ に適する語を書きましょう。

> 関係代名詞のあとの動詞は先行詞が単数か複数かで変化するので注意しよう。

(1) 私はカナダ出身の女の子を知っています。

I know a girl _____ is from Canada.

(2) 向こうを走っている少年はケンです。

The boy _____ _____ running over there is Ken.

(3) 彼らは私たちに英語を教えてくれる先生です。

They are the teachers _____ _____ us English.

(4) サムは昨日ここに来た女の人に会いました。

Sam saw a woman _____ _____ here yesterday.

2 次の英文に関係代名詞 who を入れるとき，適する場所をア～エの中から選びましょう。

(1) 私はベッドで寝ている赤ちゃんを見ました。

I saw a baby was sleeping on the bed.
　ア　イ　　ウ　　　　エ

> まず先行詞を見つけて，先行詞の後ろにwhoを入れよう。

(2) 英語の歌を歌っている少年はジョンです。

The boy is singing an English song is John .
　　ア　　イ　　　　　　　ウ　　　　エ

3 次の日本文に合うように，（　）内の語（句）や並べかえましょう。

(1) 彼女は世界中を旅する音楽家です。

(is / who / travels / she / a musician) around the world.

_____ around the world.

(2) この物語を書いた少女はエミです。

(wrote / Emi / who / this story / is / the girl).

_____ .

4 転校生のジャック（Jack）が自己紹介をしている音声を聞いて，内容と一致するものを選びましょう。

（A）兄弟のおかげで，ジャックは数学が得意になった。

（B）兄弟は数学が得意だが，ジャックは数学が苦手である。

3 関係代名詞 which「〜するもの」

✔ チェックしよう！

覚えよう 関係代名詞whichは，先行詞が〈もの〉のときに使う。

覚えよう 〈先行詞＋which＋動詞〉の語順。

覚えよう whichのあとの動詞の形は，先行詞の人称や数に合わせる。

I like this book. ＋ It has many pictures.
（私はこの本が好きです。）　　　（その本にはたくさんの写真があります。）

関係代名詞に

先行詞　　　　　　　　　　　　　動詞
I like this book which has many pictures.

（私はたくさんの写真があるこの本が好きです。）

> this bookが三人称単数で，
> 現在の文だからhasを使うよ。

確認問題

1 次の日本文に合うように，_____ に適する語を [____] 内から選びましょう。

窓が5つある家はジョンのものです。

The house _____ has five windows is John's.

> which
> who
> where

2 次の日本語に合うように，（　　）内の語を並べかえましょう。

> 犬などの動物はふつう，
> ものとして扱うよ。

速く走る犬　a (runs / which / dog) fast

a _____ fast

3 次の日本文に合うように，（　　）内から適する語を選びましょう。

(1) 京都はたくさんの寺がある都市です。

Kyoto is a city which (have / has) many temples.

> 先行詞が単数か複数
> かを確認しよう。

(2) これらは駅に行くバスです。

These are the buses which (go / goes) to the station.

1 次の日本文に合うように，＿＿＿＿に適する語を書きましょう。

(1) これはたくさんの単語がのっている辞書です。

This is the dictionary ＿＿＿＿＿＿ has many words.

(2) あれは日本でいちばん高い山です。

That is the mountain ＿＿＿＿＿＿ ＿＿＿＿＿＿ the highest in Japan.

(3) あの家の前にある看板を見なさい。

Look at the sign ＿＿＿＿＿＿ ＿＿＿＿＿＿ in front of that house.

(4) 『坊っちゃん』はたくさんの人に読まれている本です。

Botchan is the book ＿＿＿＿＿＿ ＿＿＿＿＿＿ read by many people.

> (4)は，「たくさんの人に読まれている」という受け身の表現だね。

2 次の英文に関係代名詞 which を入れるとき，適する場所をア～ウの中から選びましょう。

(1) 私は青い目をした人形を持っています。

I have a doll has blue eyes .
    ア   イ   ウ

(doll)

> それぞれの文で先行詞になる語を見つけよう。

(2) あれは先週開店した新しい店です。

That is a new store opened last week.
   ア イ   ウ

3 次の日本文に合うように，（　　）内の語(句)を並べかえましょう。

(1) 長い毛のネコが私のものです。　（which / hair / is / the cat / mine / has / long）.

＿＿＿＿＿＿＿＿＿＿＿＿＿＿＿＿＿＿＿＿＿＿＿＿＿＿＿＿＿＿＿＿＿ .

(2) これらは机に残されていたものです。

(are / were / left / which / things / these) on the desk.

＿＿＿＿＿＿＿＿＿＿＿＿＿＿＿＿＿＿＿＿＿＿＿＿ on the desk.

(3) 彼は日本製の車を買いました。

(a car / bought / which / made / he / in Japan / was).

> 「日本製」は「日本で作られた」と考えよう。

＿＿＿＿＿＿＿＿＿＿＿＿＿＿＿＿＿＿＿＿＿＿＿＿＿＿＿＿＿＿＿＿＿ .

4 対話文を聞いて，次の問いに答えましょう。

きこう！ 音声データ

What kind of books does Jack like?

(A) He likes books with a small number of pages.

(B) He likes books which have many illustrations.

4 関係代名詞 that「〜する人[もの]」

✔ チェックしよう！

☝ **覚えよう** 関係代名詞thatは, 先行詞が〈人〉,〈もの〉のどちらであっても使うことができる。

✌ **覚えよう** 〈先行詞＋ that ＋動詞〉の語順。

🖐 **覚えよう** that のあとの動詞の形は, 先行詞の人称や数に合わせる。

She is a teacher. + She sings well.
（彼女は先生です。）　　　関係代名詞に　　（彼女は上手に歌います。）

先行詞　　　　　　動詞
She is a teacher that sings well.

（彼女は上手に歌う先生です。）

> 先行詞が〈人＋動物〉のときは, 関係代名詞にthatを使うよ。

先行詞　　　　　　　　　　動詞
Look at the girl and the dog that are running.

（走っているその女の子と犬を見なさい。）

確認問題

☝ **1** 次の日本文に合うように, ___ に適する語を ⌐ ̄ ̄¬ 内から選びましょう。

机の上にあるカメラはタロウのものです。

The camera _____ is on the desk is Taro's.

⌐ ̄ ̄ ̄ ̄ ̄ ̄ ̄¬
who　this　that
└ ─ ─ ─ ─ ─ ─ ┘

✌ **2** 次の日本語に合うように, （　　）内の語を並べかえましょう。

美しい庭がある大きな家

> 関係代名詞のthatも先行詞と動詞の間に入るよ。

a big (has / that / house) a beautiful garden

a big _____ a beautiful garden

🖐 **3** 次の日本文に合うように, （　　）内から適する語を選びましょう。

あれは茶色の目をした犬です。

That is a dog (who / that) has brown eyes.

練習問題

1 次の日本文に合うように，＿＿＿＿に適する語を書きましょう。ただし，関係代名詞は that を使うこと。

(1) この本について話した女性は山田さんでした。

The woman ＿＿＿＿＿＿＿＿ talked about this book was Ms. Yamada.

(2) 私はたくさんの木があるあの公園が好きです。

I like that park ＿＿＿＿＿＿＿ ＿＿＿＿＿＿＿ many trees.

whoやwhichのかわりにthatを使おう。

(3) 彼はそこに住んでいる背の高い男性です。　He is a tall man ＿＿＿＿＿＿＿ lives there.

2 次の英文に関係代名詞 that を入れるとき，適する場所をア〜ウの中から選びましょう。

(1) 彼が私に図書館への道を教えてくれた少年でした。

He was the boy told me the way to the library .
　　ア　　　　イ　　　　　　　　　　　　　　　ウ

thatを置く位置は先行詞のあとだよ。

(2) ケンによって撮られたこれらの写真は美しいです。

These pictures were taken by Ken are beautiful .
　　　　　ア　　　　　　　　　イ　　　　　　　ウ

3 次の日本文に合うように，（　）内の語(句)を並べかえましょう。

(1) そこに座っている少年たちは私のクラスメートです。

(the boys / classmates / sitting / that / there / are / are / my).

＿＿＿＿＿＿＿＿＿＿＿＿＿＿＿＿＿＿＿＿＿＿＿＿＿＿＿＿＿＿＿＿＿＿＿

(2) 私はトムによって救われたネコを見ました。

(the cats / Tom / I / saved / saw / by / were / that).

＿＿＿＿＿＿＿＿＿＿＿＿＿＿＿＿＿＿＿＿＿＿＿＿＿＿＿＿＿＿＿＿＿＿＿

4 次の2つの文を関係代名詞that を使って1文にしましょう。

a friend＝sheだと考えて，thatでつなごう。

I have a friend.　She lives in Canada.

＿＿＿＿＿＿＿＿＿＿＿＿＿＿＿＿＿＿＿＿＿＿＿＿＿＿＿＿＿＿＿＿＿＿＿

5 対話文を聞いて，次の問いに答えましょう。

What kind of characteristics does Nana have?
　　　　　　　　　　　　特徴

(A) She is good at math, but she doesn't like it.

(B) She is not good at math, but she likes it.

スマホでサクッとチェック ≫ P2

5 主語を説明する関係代名詞

✔チェックしよう！

覚えよう 「主語の名詞」を〈関係代名詞＋動詞〉で説明するときは，
主語の名詞＋〈who/which/that ＋動詞〉＋述語の語順。

The people are kind. ＋ They live in the town.
（その人々は親切です。） （彼らはその町に住んでいます。）

→ The people 〈who live in the town〉 are kind.
（その町に住んでいる人々は親切です。）

覚えよう 「主語の名詞」を〈関係代名詞＋主語＋動詞〉で説明するときは，
主語の名詞＋〈who/which/that ＋主語＋動詞〉＋述語の語順。

The people were kind. ＋ I met them.
（その人々は親切でした。） （私は彼らに出会いました。）

→ The people 〈who I met〉 were kind.
（私が出会った人々は，親切でした。）

主語と述語が離れているから注意しよう！

確認問題

1 次の日本文に合うように，＿＿内に適する語を ┄┄┄┄内から選びましょう。

トムが見た試合は，わくわくしました。

The game ＿＿＿＿＿ Tom watched was exciting.

┄┄┄┄┄┄┄┄┄┄┄┄┄┄
who　which　what
┄┄┄┄┄┄┄┄┄┄┄┄┄┄

Tom watchedが主語の
The gameを説明しているよ。

2 次の日本文に合うように，（　　　）内の語を並べかえましょう。

マイクが好きな女の子はかわいいです。　The girl (Mike / cute / likes / who / is).

The girl ＿＿＿＿＿＿＿＿＿＿＿＿＿＿＿＿＿＿＿＿＿＿＿＿＿＿＿＿＿＿.

3 次の2つの英文を関係代名詞 that を使って1文にしましょう。

The machine is working now. ＋ It broke down yesterday.
（その機械は今動いています。） （それは昨日壊れました。）

→ The machine ＿＿＿＿＿＿＿＿＿＿＿＿＿＿＿＿＿＿＿＿＿ now.
（昨日壊れたその機械は，今動いています。）

1 次の日本文に合うように，＿＿に適する語を書きましょう。ただし，関係代名詞は that を使うこと。

(1) 私が昨日出会った女の子はジェーンでした。

> thatは先行詞が〈人〉でも〈もの〉でも使える関係代名詞だったね。

The girl ＿＿＿＿＿＿ ＿＿＿＿＿＿ ＿＿＿＿＿＿ yesterday was Jane.

(2) 彼が先月買った車は大きいです。

The car ＿＿＿＿＿＿ ＿＿＿＿＿＿ ＿＿＿＿＿＿ last month is big.

2 次の日本文に合うように，（　）内の語（句）を並べかえましょう。

(1) 彼女が教えている学生は中国出身です。

> 関係代名詞は先行詞の後ろに置くんだったね。

(who /from / the students / teaches / are / she / China).

＿＿＿＿＿＿＿＿＿＿＿＿＿＿＿＿＿＿＿＿＿＿＿＿＿＿＿＿＿ .

(2) 彼女が歌った歌は有名です。　(famous / is / sang / she / which / the song).

＿＿＿＿＿＿＿＿＿＿＿＿＿＿＿＿＿＿＿＿＿＿＿＿＿＿＿＿＿ .

3 次の英文の日本語訳を書きましょう。

(1) The woman who took this picture is my wife.

(　　　　　　　　　　　　　　　　　　　　　　　　　　　　　)

(2) The movie which we saw yesterday was wonderful.

(　　　　　　　　　　　　　　　　　　　　　　　　　　　　　)

4 次の日本文に合うように，2つの英文を関係代名詞 that を使って1文にしましょう。

(1) この本を書いた男性は，私のおじです。　The man is my uncle.　He wrote this book.

＿＿＿＿＿＿＿＿＿＿＿＿＿＿＿＿＿＿＿＿＿＿＿＿＿＿＿＿＿＿＿

(2) 彼がデザインしたシャツは，人気があります。　The shirts are popular.　He designed them.

＿＿＿＿＿＿＿＿＿＿＿＿＿＿＿＿＿＿＿＿＿＿＿＿＿＿＿＿＿＿＿

5 音声に対する答えとして，適当なものを選びましょう。

（A）The camera was recycled.

（B）The camera which this company made is useful.

スマホでサクッとチェック ≫ P2

6 関係代名詞のまとめ

✔ チェックしよう！

覚えよう 関係代名詞には who / which / that がある。
who 　〈人〉を説明するときに使う。
which 　〈もの〉を説明するときに使う。
that 　〈人〉〈もの〉を説明するときに使う。

覚えよう 〈先行詞＋関係代名詞（＋主語）＋動詞〉の語順となる。

Emma is a girl **who** plays tennis well.

（エマはテニスが上手な少女です。）

I get on a bus **which** goes to the station.
（私は駅に行くバスに乗ります。）

Mike likes the story **which** Emi wrote.

（マイクはエミが書いた物語が好きです。）

This is the book **that** I read yesterday.

（これは私が昨日読んだ本です。）

先行詞	〈関係代名詞＋動詞〉	〈関係代名詞＋主語＋動詞〉
人	who / that	who / that
もの	which / that	which / that

> 先行詞を見て，どの関係代名詞にするかを決めよう。

確認問題

1 次の日本文に合うように，（　　）内から適する語をすべて選びましょう。
ピアノを弾いている少女は，私の娘です。

The girl (who / which / that) is playing the piano is my daughter.

2 次の文を関係代名詞を使って1文にするとき，＿＿に適する語を書きましょう。
ただし，that 以外を使うこと。

I want a cat.　It is very cute.

→ I want a cat ＿＿＿＿＿＿ is very cute.

練習問題

1 次の日本文に合うように，（　　）内から適する語を選びましょう。

(1) 私の父は車を作る会社で働いています。

My father works for the company (who / which) makes cars.

(2) 彼は私の母が好きな芸術家です。

He is the artist (who / which) my mother likes.

(3) 私が駅で見た犬はエミの犬でした。

The dog (who / which) I saw at the station was Emi's.

2 次の英文の日本語訳を書きましょう。

(1) I like the tennis player who won the match.

私は（　　　　　　　　　　　　　　　　　　　　　　　）テニス選手が好きです。

(2) The computer which Mike is using now is his father's.

（　　　　　　　　　　　　　　　　　　　）そのコンピューターは彼の父のものです。

3 次の日本文に合うように，（　　）内の語(句)を並べかえましょう。

(1) 私にはサッカーが上手な友達がいます。

(who / a friend / I / soccer / well / have / plays).

_____ .

(2) これはおじが私に送った手紙です。

(to me / which / is / this / my uncle / the letter / sent).

_____ .

(3) 私が韓国で出会った人々は親切でした。

(who / Korea / nice / the people / in / met / were / I).

the peopleが先行詞だよ。

_____ .

4 音声を聞いて，それに対する答えを，関係代名詞を用いて
英語で書きましょう。

I want to go to _____ .

スマホでサクッとチェック ≫ P2

1

I wish I could ~「~できればいいのに」

✔ チェックしよう！

覚えよう 〈I wish ＋主語＋ could ＋動詞の原形〉で
「(人が) ~できればいいのに」という仮定を表す。

I wish I could fly.
(飛ぶことができればいいのに。)

覚えよう 〈I wish ＋主語＋動詞の過去形〉で
「(人が) ~すればいいのに」という仮定を表す。

I wish I had a magic carpet.
(魔法のじゅうたんを持っていればいいのに。)

覚えよう I wish の後ろに be 動詞を使う場合は，主語に関係なく were を使う。

I wish I were a bird.
(鳥であればいいのに。)

> I wishの後ろの動詞の時制に注意しよう！

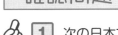 確認問題

1 次の日本文に合うように，(　　) 内から適する語を選びましょう。

(1) 私が中国語を読むことができればいいのに。

I wish I (can / could) read Chinese.

(2) 私がもっと大きな家を持っていればいいのに。

I wish I (have / had) a bigger house.

2 次の英文の日本語訳を書きましょう。

(1) I wish I had a time machine. (　　　　　　　　　　　　　　)

(2) I wish it were true. (　　　　　　　　　　　　　　)

3 次の日本文に合うように，_____ に適する語を書きましょう。

(1) あなたがここにいてくれればいいのに。

I _____ you _____ here.

(2) カメラを持っていればいいのに。

I _____ I _____ a camera.

練習問題

1 次の日本文に合うように，（　）内から適する語を選びましょう。

(1) 私が泳ぐことができればいいのに。　　I wish I (can / could) swim.

(2) 私に翼があればいいのに。　　I wish I (have / had) wings.

2 次の日本文に合うように，（　）内の語を並べかえましょう。

(1) 今日寒くなければいいのに。

I (it / is / were / wish / not / today / cold). (※1語不要)

I _____ .

(2) もっと時間があればいいのに。

I (have / had / wish / I / time / more). (※1語不要)

I _____ .

3 次の日本文に合うように，_____に適する語を書きましょう。

(1) 彼の住所を知っていればいいのに。

I _____ I _____ his address.

(2) 私がもっとお金を持っていればいいのに。

I _____ I _____ more money.

> wishの後ろの時制は，
> 動詞の過去形になるよ。

4 次の英文の日本語訳を書きましょう。

(1) I wish I had a little sister.

(　　　　　　　　　　　　　　　　　　　　　　　　　　　　　　）

(2) I wish I could run faster.

(　　　　　　　　　　　　　　　　　　　　　　　　　　　　　　）

5 音声に対する答えとして，適当なものを選びましょう。

(A) Japanese people are very kind.

(B) A little, but I wish I could speak Japanese better.

第8章 　 仮定法

If I were~, I would~「もし~ならば, ~するだろう」

✔ チェックしよう！

👆 **覚えよう** 〈If ＋主語＋ were ～, 主語＋ would ＋動詞の原形〉で
「もし…が～ならば, …は～するだろう」という仮定を表す。

If I were a bird, I would fly to you.
（もし私が鳥ならば, あなたのところに飛んでいくだろう。）

✌ **覚えよう** 〈If ＋主語＋ were ～, 主語＋ could ＋動詞の原形〉で
「もし…が～ならば, …は～できるのに」という仮定を表す。

If I were rich, I could buy the car.
（もし私がお金持ちならば, 私はその車を買うことができるのに。）

🖐 **覚えよう** If I were you「もし私があなたなら」で相手へのアドバイスを表す。

If I were you, I would do it.
（もし私があなたなら, そうするだろう。）

> Ifの後ろのbe動詞は, 主語に関係なくwereになるよ。

確認問題

👆✌ **1** 次の日本文に合うように, （　　）内から適する語を選びましょう。

(1) もし私が若ければ, その仕事をするだろう。

　　If I (am / were) young, I (will / would) do the job.

(2) もし私の両親がお金持ちならば, あの大きな家を買うことができるのに。

　　If my parents (are / were) rich, they (can / could) buy that big house.

👆✌ **2** 次の日本文に合うように, （　　）内の語を並べかえましょう。

(1) もし私がもっと背が高ければ, そのスクリーンを見ることができるのに。

　　If I (I / taller, / could / see / were) the screen.

　　If I _____ the screen.

(2) もし私があなたなら, 家にいるだろう。

　　If I (I / you, / would / were / stay) home.

　　If I _____ home.

✌🖐 **3** 次の日本文に合うように, _____ に適する語を書きましょう。

(1) もし私の足がもっと強ければ, 旅行に行くことができるのに。

　　If my legs _____ stronger, I _____ go to travel.

(2) もし私があなたなら, 少し待つだろう。

　　If I _____ you, I _____ _____ a bit.

練習問題

1 次の日本文に合うように，（　）内から適する語を選びましょう。

(1) もし私がそこにいれば，私たちは一緒にテレビを見ることができるのに。

If I (am / were) there, we (can / could) watch TV together.

(2) もし彼が社長なら，もっとお金を稼ぐだろう。

If he (is / were) the boss, he (will / would) make more money.

2 次の日本文に合うように，（　）内の語を並べかえましょう。

(1) もし私がお金持ちなら，もっと長く滞在できるのに。

If (I / I / longer / rich, / stay / were / could).

If _____ .

(2) もし私が忙しくなければ，あなたを手伝うだろう。

If (I / I / you / would / not / help / busy, / were).

If _____ .

(3) もし私があなたなら，彼と結婚するだろう。

If (you, / I / I / him / marry / were / would).

If _____ .

3 次の日本文に合うように，＿＿＿に適する語を書きましょう。

〈If＋主語＋were ～，
主語＋would / could
＋動詞の原形〉の語順だよ。

(1) もし私があなたなら，彼女に会いに行くだろう。

If I _____ _____ , I _____ _____ to see her.

(2) もし母がここにいれば，この写真を見せることができるのに。

If my mother _____ here, I _____ _____ her this picture.

4 次の英文の日本語訳を書きましょう。

(1) If I were you, I would go to the hospital.

(　　　　　　　　　　　　　　　　　　　　　　　　　　　　　　　　　)

(2) If this car were mine, I could give it to you.

(　　　　　　　　　　　　　　　　　　　　　　　　　　　　　　　　　)

5 音声に対する答えとして，適当なものを選びましょう。

(A) No. If I were young, I could play soccer.

(B) If I were you, I would play baseball.

3 「もし…が〜すれば, …は〜するだろう」

✔チェックしよう!

覚えよう 〈If ＋主語＋動詞の過去形 〜, 主語＋ would ＋動詞の原形〉で
「もし…が〜するならば, …は〜するだろう」という仮定を表す。

If I had a lot of money, I would buy a car.
(もし私にたくさんお金があれば, 車を買うだろう。)

覚えよう 〈If ＋主語＋動詞の過去形 〜, 主語＋ could ＋動詞の原形〉で
「もし…が〜するならば, …は〜できるのに」という仮定を表す。

If I knew his phone number, I could call him.
(もし彼の電話番号を知っていれば, 彼に電話できるのに。)

覚えよう 〈What ＋ would ＋主語＋動詞の原形＋ if ＋主語＋動詞の過去形 〜 ?〉で
「もし…が〜するならば, 何を…は〜するだろうか」という疑問文を表す。

What would you do if you were me?
(もしあなたが私なら, どうしますか。)

仮定法は〈**would**＋動詞の原形〉や
〈**could**＋動詞の原形〉が基本形だよ。

確認問題

1 次の日本文に合うように, (　　) 内から適する語を選びましょう。

(1) もし私にもっと時間があれば, 海外に行くだろう。
   If I (have / had) more time, I (will / would) go abroad.
(2) もし百万円があればどうしますか。
   What (will / would) you do if you (have / had) one million yen?

2 次の日本文に合うように, (　　) 内の語(句)を並べかえましょう。

(1) もし祖母がスマートフォンを持っていれば, 私はEメールを送ることができるのに。
   If my grandmother (e-mail / could / had / a smartphone, / her / I).
   If my grandmother＿＿＿＿＿＿＿＿＿＿＿＿＿＿＿＿＿＿＿ .
(2) もし熊を見たら, あなたはどうしますか。
   What (saw / do / you / you / would / if / a bear)?
   What ＿＿＿＿＿＿＿＿＿＿＿＿＿＿＿＿＿＿＿＿＿＿＿ ?

3 次の日本文に合うように, ＿＿＿に適する語を書きましょう。

(1) もし私にたくさんお金があれば, このドレスを買うことができるのに。
   If I ＿＿＿＿ a lot of money, I ＿＿＿＿ ＿＿＿＿ this dress.
(2) もしそれが本当ならあなたはどうしますか。 What ＿＿＿＿ you ＿＿＿＿ if it ＿＿＿＿ true?

1 次の日本文に合うように，（　　）内から適する語を選びましょう。

(1) もし私がもっとお金を持っていれば，海外旅行に行けるのに。

If I (have / had) more money, I (can / could) travel abroad.

(2) もし彼が勉強すれば，いい点数を取るだろうに。

If he (study / studied), he (will / would) get a good score.

2 次の日本文に合うように，（　　）内の語(句)を並べかえましょう。

(1) もし私が車を持っていれば，祖父に会いに行けるのに。

If (I / I / my grandfather / see/ go / to / had/ could / a car,).

If _____ .

(2) もし頼まれれば，彼はそこに行くだろう。

If (he / he / would / asked, / there / go / were).

If _____ .

(3) もし彼が仕事を失ったら，彼はどうするだろうか。

What (he / he / lost / do / his job / would / if)?

What _____ ?

3 次の日本文に合うように，_____に適する語を書きましょう。

(1) もし私が彼女の名前を知っていれば，彼女に話しかけるだろう。

If I _____ her name, I _____ _____ to her.

(2) もし彼が一生懸命ピアノを練習すれば，彼は偉大なピアニストになるだろう。

If he _____ the piano hard, he _____ _____ a great pianist.

4 次の英文の日本語訳を書きましょう。

(1) If I had longer arms, I would become a good volleyball player.

(　　　　　　　　　　　　　　　　　　　　　　　　　　　　　　　　）

(2) If he got a good job, he could marry her.

(　　　　　　　　　　　　　　　　　　　　　　　　　　　　　　　　）

5 音声に対する答えとして，適当なものを選びましょう。

(A) I would get a lot of presents from him.

(B) Santa Claus is very famous in the world.

4 第8章 仮定法

仮定法のまとめ

✔ チェックしよう！

覚えよう 〈I wish＋主語＋動詞の過去形〉で「(人が)～すればいいのに」という仮定を表す。

I wish I knew my cat's feelings.
(私のネコの気持ちがわかればいいのに。)

覚えよう 〈If＋主語＋were ～, 主語＋would/could＋動詞の原形〉で
「もし…が～ならば，…は～するだろう／できるだろう」という仮定を表す。

If he were here now, I would speak to him.
(もし彼が今ここにいれば，彼に話をするだろうに。)

覚えよう 〈If＋主語＋動詞の過去形 ～, 主語＋would/could＋動詞の原形〉で
「もし…が～するならば，…は～するだろう／できるだろう」という仮定を表す。

If I had a son, we could play baseball together.
(もし私に息子がいれば，一緒に野球をすることができるのに。)

> 〈If＋主語＋過去形, 主語＋would/could＋動詞の原形〉という語順をしっかり覚えよう！

確認問題

1 次の日本文に合うように，（　　）内から適する語を選びましょう。
(1) 英語をもっと上手に話すことができればいいのに。
  I wish I (can / could) speak English better.
(2) もし薬を飲めば，気分がもっと良くなるだろうに。
  If I (take / took) medicine, I (will / would) feel better.

2 次の日本文に合うように，（　　）内の語(句)を並べかえましょう。
(1) パーティーに行くことができればいいのに。 I (go / could / the party / wish / to / I).
  I _____ .
(2) 十分な時間があれば，あなたを手伝うことができるのに。
  If (I / I / you / help / had / could / time, / enough).
  If _____ .

3 次の日本文に合うように，_____に適する語を書きましょう。
(1) 私にアシスタントがいればいいのに。 I _____ I _____ an assistant.
(2) もしもっと頭が良ければ，その試験に合格できるのに。
  If I _____ smarter, I _____ _____ the test.

1 次の日本文に合うように，（　　）内から適する語を選びましょう。

(1) 私の息子がもっといいテニス選手ならいいのに。

I wish my son (is / were) a better tennis player.

(2) もしあなたが忙しくなければ，一緒にゲームをするだろうに。

If you (are / were) not busy, we (will / would) play video games together.

2 次の日本文に合うように，（　　）内の語(句)を並べかえましょう。

(1) もし地図があれば，あなたにそれを貸すだろうに。

If (to you / a map, / I / I / lend / had / it / would).

If _____ .

(2) 父がタバコを吸うのを止めればいいのに。

I (my father / smoking / wish / stopped).

I _____ .

(3) 彼女の住所を知っていれば，彼女に手紙を書くだろうに。

If (I / I / write / her address, / knew / to her / a letter / would).

If _____ .

3 次の日本文に合うように，_____ に適する語を書きましょう。

> 日本語を見て，wouldにするか
> couldにするか，考えよう！

(1) 冬休みがもっと長ければいいのに。

I wish the winter vacation _____ _____ longer.

(2) 雪があれば，私たちはスキーに行くことができるのに。

If there _____ snow, we _____ _____ skiing.

4 次の英文の日本語訳を書きましょう。

(1) If it were not raining, I could go shopping.

(　　　　　　　　　　　　　　　　　　　　　　　　　　　　　)

(2) If I were taller, I could become a better basketball player.

(　　　　　　　　　　　　　　　　　　　　　　　　　　　　　)

5 対話文が流れます。その内容をまとめた次の文の_____ に
適する語を書きましょう。

John _____ _____ to Europe with his family.

第9章 いろいろな表現

たずねるときの表現

1

✔ チェックしよう！

👆 **覚えよう** 方法をたずねるとき，「～する仕方を教えてくれませんか」は
〈Can[Could] you tell me how to ＋動詞の原形 ?〉という語順になる。

Could you tell me how to get to the station?
（駅まで行く方法を教えてくれませんか。）

✌ **覚えよう** 方法をたずねるとき，「どうすれば～できますか」は
〈How can I ＋動詞の原形 ?〉という語順になる。

How can I get to the station?
（駅へはどのようにしたら着くことができますか。）

🤟 **覚えよう** 何かをするのにかかる時間をたずねるとき，
〈How long does it take to ＋動詞の原形 ?〉という語順になる。

How long does it take to get to the station?
（駅へ行くのにどのくらい時間がかかりますか。）

> Can you ～?よりもCould you ～?
> の方がていねいな言い方だよ。

確認問題

1 次の英文の日本語訳を書きましょう。

(1) Can you tell me how to get to the library?
　（　　　　　　　　　　　　　　　　　　　　　　　） を教えてくれますか。

(2) How long does it take to get to the school?
　学校へ行くのに（　　　　　　　　　　　　　　　　　　　　　）。

2 次の日本文に合うように，（　　）内から適する語を選びましょう。

(1) 病院へはどのように行くことができますか。 (How / What) can I get to the hospital?
(2) バス停まではどのくらい時間がかかりますか。
　How (time / long) does it (make / take) to the bus stop?

3 次の日本文に合うように，＿＿＿に適する語を書きましょう。

(1) チケットの買い方を教えてくれませんか。
　Can you tell me ＿＿＿＿＿ ＿＿＿＿＿ buy a ticket?

(2) 英語をマスターするのにどのくらい時間がかかりますか。
　How ＿＿＿＿＿ does it ＿＿＿＿＿ to master English?

練習問題

1 次の日本文に合うように，（　）内から適する語を選びましょう。

(1) このカメラはどうすれば使えますか。

（What / How) can I use this camera?

〈Could you tell me how to＋動詞の原形?〉は方法を教えてもらうときの表現だよ。

(2) 「久しぶり」を英語でどのように言うのか教えてくれますか。

Can you (say / tell) me how to (say / tell) "*Hisashiburi*" in English?

2 次の日本文に合うように，（　）内の語(句)を並べかえましょう。

(1) ピアノの弾き方を教えてくれませんか。

Could (the piano/ me / you / play / tell / to / how)?

Could _____ ?

(2) その単語のつづり方はどうなりますか。

How (the word / I / spell / can)?

How _____ ?

(3) 教会に行くのにどのくらい時間がかかりますか。

How (it / church / take / to / does / long / go to)?

How _____ ?

3 次の日本文に合うように，_____に適する語を書きましょう。

(1) このエアコンのつけ方を教えてくれませんか。

Could you _____ _____ _____ to turn on this air conditioner.

(2) 飛行機でニューヨークまでどのくらい時間がかかりますか。

How long _____ _____ _____ to fly to New York?

4 次の英文の日本語訳を書きましょう。

(1) Could you tell me how to open this door?

(　　　　　　　　　　　　　　　　　　　　　　　　　　　　)

(2) How long does it take to finish the work?

(　　　　　　　　　　　　　　　　　　　　　　　　　　　　)

5 音声に対する答えとして，適当なものを選びましょう。

(A) Sure. What do you want to know?

(B) Smartphones are very popular among young people.

第9章 いろいろな表現

2 提案するときの表現

✔チェックしよう！

覚えよう 「～はどうですか」，「～してはどうですか」と
相手に提案するときの表現。

How【What】about ～?　　　「～はどうですか」
Why don't you ～?　　　　「～してはどうですか」

覚えよう よりていねいな表現 Would you like (to) ～?「～をいかがですか」は
食べ物や飲み物をすすめるときによく使われる。

Would you like a cup of tea?
Would you like to have a cup of tea?

（お茶を1杯いかがですか。）

> 答えるときは，Yes, please.（はい，お願いします）や
> No, thank you.（いいえ，けっこうです）などと言うよ。

覚えよう 「～しましょう」，「（一緒に）～しませんか」と相手を誘うときの表現。

Let's ～.　　　　　　　「～しましょう」
Shall we ～?　　　　　「（一緒に）～しましょうか」
Why don't we ～?　　　「（一緒に）～しませんか」

確認問題

1 次の英文の日本語訳として適するものを◯◯◯内から選びましょう。

What about using this pen?
[　　　]

> ア　このペンを使ってはどうですか。
> イ　このペンを使ってもいいですか。

2 次の英文の（　）内から適する語(句)を選びましょう。

(1) Would you like some candies?　　　　　No, (thank you / I don't) .

(2) Would you like to have some coffee?　　　Yes, (you would / please) .

3 次の日本文に合うように，___に適する語を書きましょう。

（一緒に）映画を見ましょうか。

Shall we see a movie? → _____ don't _____ see a movie?

74

練習問題

1 次の日本文に合うように，＿＿＿に適する語を書きましょう。

(1) クッキーはどうですか。　　　　What ＿＿＿＿＿ some cookies?
cookie

(2) ((1)に答えて) いいえ，けっこうです。　　No, ＿＿＿＿＿ ＿＿＿＿＿.

(3) 公園で昼食を食べましょう。　　＿＿＿＿＿ ＿＿＿＿＿ lunch in the park.

2 次の対話文の答えになる英文を，[＿＿]内から選びましょう。

(1) お風呂に入ってはどうですか。— はい，入りたいです。

Why don't you take a bath? — [　　　]

> I would like to ～.は
> I want to ～.と同じような
> 意味になるよ。

(2) 何か食べるものはいかがですか。— いいえ，けっこうです。

Would you like something to eat? — [　　　]

> ア　Yes, I would like to.　　　イ　No, thank you.

3 次の英文の日本語訳を書きましょう。

(1) How about dancing with me?

私と（　　　　　　　　　　　　　　　　　　　　　）。

(2) Would you like to start eating now?

今，（　　　　　　　　　　　　　　　　　　　　　）。

4 次の日本文の英語訳を書きましょう。

5時に会いましょうか。

> いくつか言い方が
> あったね。

5 対話文が流れます。その内容をまとめた次の文の＿＿＿に
適する語を書きましょう。

Yuka will make Tomo ＿＿＿＿＿.

スマホでサクッとチェック ≫ P2

3 自分の意見を主張する①

✔ チェックしよう！

覚えよう 英語では，I think（that）＋〈主語＋動詞〉「私は〜と思う」や，
I do not think that ＋〈主語＋動詞〉「私は〜とは思わない」で，
自分の言いたいことを最初に言う。

I think（that）English is necessary for Japanese people.

（英語は日本人にとって必要だと思います。）

I do not think（that）English is necessary for Japanese people.

（英語は日本人にとって必要だとは思いません。）

覚えよう 「理由は2つある」など，理由の数を述べたい場合，
I have 〜 reason(s). で表す。

I have one reason.　　（理由が1つある）
I have two reasons.　（理由が2つある）
I have three reasons.　（理由が3つある）

覚えよう 理由を具体的に並べる場合，First, 〜（第1に）/ Second, 〜（第2に）
/ Third, 〜（第3に）/ Finally, 〜（最後に）などを使って表す。

First, English is useful when you work. Second, you can
communicate with people all over the world through English.

（第1に，英語は仕事をするとき役立ちます。第2に，英語を通じて，世界中の人々とコミュ
ニケーションがとれます。）

> 日本語と違って，英語では
> 結論を最初に言うんだよ。

確認問題

1 次の日本文に合うように，_____に適する語を書きましょう。

(1) スマートフォンは必要だと思います。

I _____ that smartphones are necessary.

(2) スマートフォンは必要だとは思いません。

I _____ not _____ that smartphones are necessary.

(3) 私には2つの理由があります。

I _____ two _____ .

自分の意見を言ったり書いたり
するときは、この順番で話そう。

1 次の日本文に合うように、_____ に適する語を書きましょう。

Do you think that schools should let students have their smartphones at school?
(学校は生徒が学校でスマートフォンを所持するのを許すべきだと思いますか。)

〈日本語〉 ①学校は生徒が学校でスマートフォンを所持するのを許すべきだと思います。
②私には理由が2つあります。
③第1に、スマートフォンは黒板や友達のノートの写真を撮れるから便利です。
④第2に、家族と連絡が簡単に取れるから、両親が心配する必要がありません。

〈英語〉 ① I _____ _____ schools should let students have their smartphones at school.
② I have _____ _____ .
③ _____ , smartphones are useful, because students can take a picture of a blackboard or notebooks of their friends.
④ _____ , their parents don't have to worry, because students can contact their family easily.

2 次の日本文に合うように、_____ に適する語を書きましょう。

Do you think that parents should let their children play video games?
(両親は子供がテレビゲームで遊ぶのを許すべきだと思いますか。)

〈日本語〉 ①両親は子供がテレビゲームをするのを許すべきだとは思いません。
②私には理由が2つあります。
③第1に、子供は1日中テレビゲームで遊び、勉強しないでしょう。
④第2に、子供は外で遊ばず、視力が悪くなるでしょう。

〈英語〉 ① I _____ not _____ that parents should let their children play video games.
② I _____ two _____ .
③ _____ , children will play video games all day long, and they will not study.
④ _____ , they will not play outside and their vision will get bad.

3 音声に対する答えとして、適当なものを選びましょう。

(A) Yes, I think so.

(B) I will take part in the soccer club.

4 自分の意見を主張する②

✔チェックしよう！

相手の意見をいったん受け入れて，そのあとに自分の意見を述べるとき，以下のような表現がある。

👆**覚えよう** I see your point, but ～ 「あなたの言うことはわかりますが，～」

I see your point, but I don't agree.

(あなたの言うことはわかりますが，賛成はしません。)

✌**覚えよう** That may be true, but ～「それは本当かもしれませんが，～」

That may be true, but we should remember our goal.

(それは本当かもしれませんが，私たちの目標を思い出すべきです。)

🤟**覚えよう** That is an interesting idea, but ～ 「それは興味深い考えですが，～」

That is an interesting idea, but we can't do it.

(それは興味深い考えですが，私たちはそれはできません。)

> これらの表現を使うと，反対の意見が言いやすくなるよ。

確認問題

1 次の日本文に合うように，＿＿＿に適する語を書きましょう。

(1) あなたの言うことはわかりますが，私たちはそれをする必要があります。

I ＿＿＿＿＿＿ your ＿＿＿＿＿＿ , but we need to do it.

(2) それは本当かもしれませんが，私たちにはわかりません。

That ＿＿＿＿＿＿ be ＿＿＿＿＿＿ , but we don't know.

(3) それは興味深い考えですが，それは正しくありません。

That is an ＿＿＿＿＿＿ ＿＿＿＿＿＿ , but it is not true.

2 次の日本文に合うように，（　　）内から適する語を選びましょう。

(1) あなたの言うことはわかりますが，それは重要ではありません。

I (look / see) your point, but that is not important.

(2) それは本当かもしれませんが，私はそれを信じません。

That (may / must) be true, but I don't believe it.

(3) それは興味深い考えですが，私はそれは好きではありません。

That is an (interesting / interested) idea, but I don't like it.

1 次の日本文に合うように，（　　）内から適する語を選びましょう。

(1) あなたの言うことはわかりますが，それはうまくいかないでしょう。

I see your (say / point), but it won't work well.

> 反対意見を言うとき，便利な表現だね。

(2) それは興味深い考えですが，単純すぎます。

That is an interesting (think / idea), but it is too simple.

2 次の日本文に合うように，（　　）内の語(句)を並べかえましょう。

(1) それは本当かもしれませんが，誰も信じないでしょう。

That (but / nobody / it / be / believe / true, / will / may).

That _____ .

(2) あなたの言うことはわかりますが，あなたは別の側面について考えるべきです。

I (but / your point, / you / another side / think about / should / see).

I _____ .

(3) それは興味深い考えですが，人々はそれを好まないでしょう。

That (but / an interesting / people / like it / idea, / won't / is).

That _____ .

3 次の日本文に合うように，_____ に適する語を書きましょう。

(1) あなたの言うことはわかりますが，私はそれは必要だとは思いません。

I see _____ _____ , but I don't think it is necessary.

(2) それは興味深い考えですが，それは本当でしょうか。

That is an _____ idea, _____ is it true?

4 次の英文の日本語訳を書きましょう。

(1) I see your point, but we need to think about other things.

(　　　　　　　　　　　　　　　　　　　　　　　　　　　　　　　　　　　)

(2) That is an interesting idea, but we don't have to do it.

(　　　　　　　　　　　　　　　　　　　　　　　　　　　　　　　　　　　)

5 音声に対する答えとして，適当なものを選びましょう。

(A) I see your point, but we shouldn't do it.

(B) That was an interesting idea, but we couldn't do it.

スマホでサクッとチェック ≫ P2

初版
第 1 刷　2021 年 7 月 1 日　発行

● 編 者
　数研出版編集部
● カバー・表紙デザイン
　株式会社クラップス

発行者　星野　泰也

ISBN978-4-410-15536-9

新課程　とにかく基礎　中3英語

発行所　数研出版株式会社

〒101-0052 東京都千代田区神田小川町 2 丁目 3 番地 3
　　　　　〔振替〕00140-4-118431
〒604-0861 京都市中京区烏丸通竹屋町上る大倉町205番地
〔電話〕代表 (075)231-0161
ホームページ　https://www.chart.co.jp
印刷　河北印刷株式会社

本書の一部または全部を許可なく
複写・複製することおよび本書の
解説・解答書を無断で作成するこ
とを禁じます。

乱丁本・落丁本はお取り替えいたします　210601

とにかく基礎 中3英語 答えと解説

| 第1章 | 1・2年の復習 |

1　文型① SVC

確認問題 ——————————— 4 ページ

1　悲しそうに見えます
2　We became excited
3　(1) sounds　(2) feel　(3) became

練習問題 ——————————— 5 ページ

1　(1) looks　　　(2) feel
　　(3) sounds
2　(1) looked　　(2) sound
　　(3) became
3　(1) 感じています
　　(2) かわいらしく聞こえます
　　(3) 若く見えます
4　(B)

練習問題の解説

1　(1) 「～に見える」は〈look＋形容詞〉で表す。
　　(2) 気分を述べるときは〈feel＋形容詞〉で表す。
　　(3) 「～に聞こえる」は〈sound＋形容詞〉で表す。
4　(問題文)I want to speak to him, but he is
　　working hard now.(私は彼に話しかけたいが,
　　今彼は懸命に働いています。)
　　(A)彼は眠そうに見えます。
　　(B)彼は忙しそうに見えます。

2　文型② SVOO

確認問題 ——————————— 6 ページ

1　me a pen
2　to / me
3　to

練習問題 ——————————— 7 ページ

1　(1) give　(2) send　(3) buy
2　(1) My sister cooked me breakfast
　　(2) We bought a card for Mr. White
　　(3) Books give us a lot of things
3　(1) 教えます　(2) 昼食を作るでしょう

4　(B)

練習問題の解説

1　(2) 〈send＋(もの)＋to＋(人)〉で「(もの)
　　を(人)に送る」
　　(3) 〈buy＋(もの)＋for＋(人)〉で「(もの)
　　を(人)に買う」
2　(3) 〈give＋(人)＋(もの)〉で「(人)に(も
　　の)を与える」
3　(1) 〈teach＋(もの)＋to＋(人)〉で「(もの)
　　を(人)に教える」
　　(2) 〈cook＋(人)＋(もの)〉で「(人)に(も
　　の)を料理する,作る」
4　(問題文) What will you do next? (あなたは
　　次は何をする予定ですか。)
　　(A)彼は私にペンを買う予定です。
　　(B)私は彼にペンを買う予定です。

3　受け身の文「～される」

確認問題 ——————————— 8 ページ

1　(1) built　(2) seen　(3) written
2　(1) used　(2) by
3　should be learned

練習問題 ——————————— 9 ページ

1　(1) are made　(2) read by
　　(3) must be
2　(1) Many flowers are seen
　　(2) Your country is visited by
　　(3) Koalas can't be seen in
3　(1) The plan should not be changed.
　　(2) Is rice eaten all over the world?
　　(3) English is spoken by many people.
4　was written

練習問題の解説

1　(1) 主語が複数で現在の文なので, be動詞はare
　　を使う。
　　(2) readの過去分詞は, readedではなく, read
　　なので要注意。

2 (3) 助動詞を含む受け身の文は〈助動詞＋be＋過去分詞〉となる。

3 (2) 受動態の疑問文は主語とbe動詞の語順を逆にする。

(3) speakの過去分詞はspoken。sporkenと間違えやすいので要注意。

4 (問題文)When was this story written?
It was written in 2000.(この話はいつ書かれましたか。2000年に書かれました。)

４ 不定詞「～すること」「～するための」「～するために」

確認問題 ──────── 10 ページ

1 先生[教師]になること

2 (1) to teach　　(2) sad to hear

3 things to do

練習問題 ──────── 11 ページ

1 (1) to talk　　(2) To answer
(3) to visit　　(4) to find

2 (1) ウ　　(2) ウ　　(3) エ

3 (1) To talk about movies is fun
(2) has no time to watch TV

4 to be

練習問題の解説

2 (1) 感情の原因を表し「そのニュースを聞いて悲しかった」という意味。
(2) 感情の原因を表し「その手紙をもらってうれしい」という意味。
(3) 「サッカーを練習するために学校へ行った」という意味。

3 (1) 「映画について話すこと」が主語になるので，〈to＋動詞の原形〉で文を始める。
(2) time to watch TV「テレビを見るための時間」と考える。

4 (問題文)What do you want to be in the future?(あなたは将来は何になりたいですか。)

第２章　現在完了形（経験用法）

１ 「～したことがあります」

確認問題 ──────── 12 ページ

1 以前 / ことがあります

2 twice

3 been

練習問題 ──────── 13 ページ

1 (1) eaten[had] / twice
(2) once
(3) been / before
(4) heard / times

2 (1) I have seen a panda
(2) have invited Jim to my house three times[have invited Jim three times to my house]
(3) Yuki has been to Australia

3 (1) I have[I've] written an English letter.
(2) She has read this book twice.

4 have eaten

練習問題の解説

1 (1) 「食べる」eatは不規則動詞で，過去分詞はeaten。haveの過去分詞hadも可。
(3) 「～に行ったことがある」はhave[has] been to ～で表す。

2 (1) 「見る」see の過去分詞は seen。

3 (1) 「～したことがあります」から，現在完了の文〈have [has] ＋過去分詞〉を作る。主語が I なので have を使う。write は不規則動詞で，過去分詞は written。

4 (問題文) Do you like sushi?
Yes, I like sushi. I have eaten sushi many times. (お寿司は好きですか。はい，好きです。私はお寿司を何度も食べたことがあります。)

2

2 「～したことがありません」

確認問題 ──────── 14 ページ

1 (1) ことが(一度も)ありません
   (2) (一度も)ピアノを弾いたことがあり
   ません

2 (1) have never　　(2) has never
   (3) has never

3 (1) イ　　(2) イ　　(3) ウ

練習問題 ──────── 15 ページ

1 (1) never[not] been
   (2) has never[not] visited
   (3) has never[not] seen

2 (1) Mr. Ito has never used
   (2) We have never traveled to
   (3) My sister has never taken
   pictures

3 (1) I have[I've] never met Ms.
   Sato.
   (2) Riku has never read this book.

4 (A)

練習問題の解説

2 (1) 〈has never＋過去分詞〉の語順。
   (2) 「外国を旅行する」はtravel to foreign
   countries。
   (3) 「写真を撮る」はtake pictures。takenは
   takeの過去分詞。

3 過去分詞の前にneverを置く。

4 (問題文)Wow. I have never eaten such a
good meal.
Really? It's a common meal in my country.
(わあ。私はこんなにおいしいご飯を食べたこと
がありません。本当ですか。私の国では通常の
料理です。)
(A)彼らは食事をしています。
(B)彼らはテレビを見ています。

3 「～したことがありますか」

確認問題 ──────── 16 ページ

1 Has / has

2 ever

3 (1) ことがありますか
   (2) (今までに)何回 / 聞いたことがあり
   ますか

練習問題 ──────── 17 ページ

1 (1) Has / visited
   (2) Have / ever
   (3) How many times

2 (1) Have you ever been to
   (2) How many times has Yuka
   seen

3 (1) Has your brother talked to Tom
   in English?
   (2) Has he ever tried Korean food?
   (3) How many times has Jane
   made *onigiri*?

4 (A)

練習問題の解説

1 (1) 「(今までに)～したことがありますか」より,
   現在完了の疑問文なので〈Have[Has]＋主語
   ＋過去分詞 ～?〉の語順。主語Samは三人称単
   数なのでhasを使う。
   (3) 「何回」の意味を表すHow many timesを
   文の最初に置く。

4 (問題文)Have you ever been to Kyoto?
(今まで京都に行ったことはありますか。)
(A)私は2回京都に行ったことがあります。
(B)私は来年京都を訪れます。

第3章　第4・5文型

1 SVOC(C ＝形容詞)

確認問題 ──────── 18 ページ

1 (1) kept　　(2) Keep

2 (1) make me happy
   (2) made him sad

3 found

1 (1) keep　　(2) made us

2 (1) The homework kept my son busy
(2) I found the textbook hard
(3) This computer made his work easier

3 (1) 私は彼が正直だとわかりました。
(2) この映画は私に歴史にもっと興味をもたせました。(この映画で私は歴史にもっと興味をもちました。)

4 (B)

練習問題の解説

2 (1) 「人を~にしておく」は〈keep＋(人)＋~〉の語順。
(2) 〈find＋(人・もの)＋~〉は「(人・もの)が~とわかる」という意味。
(3) 「(人)を~にする」の「~」に形容詞easyの比較級easierを置く。

3 (2) 「(人)を~にする」の「~」にinterestedの比較級more interestedがある文。

4 (問題文)How did you find the movie?(映画はどうでしたか。)
(A)私はそれを簡単に保ちました。
(B)私はそれがとてもおもしろかったです。

2 SVOO(that 節)

1 (1) told　　(2) showed

2 (1) taught us that love
(2) showed them that she

3 told / that

1 (1) told　　(2) showed

2 (1) told them that I was a teacher
(2) showed me that the news was not true
(3) taught them that computers were necessary

3 (1) showed / that / was

(2) told / that / should

4 (1) その教師は生徒たちに英語を勉強することが大切だと教えました。
(2) 彼女は私たちにスマートフォンがとても便利であることを示しました。

5 told / that

練習問題の解説

3 (1) 前半の時制が過去形なので，that の後ろも過去形の was になる。
(2) 「~すべき」という助動詞は should を使う。

5 What did Ken tell you?
He told me that he would go to America.
(ケンはあなたに何を言ったのですか。彼はアメリカに行くことを私に伝えました。)

第4章 現在完了形(完了用法・継続用法)

1 「~したところです」

1 (1) 洗ったところです[洗ってしまいました]
(2) 開けたところです[開けてしまいました]

2 (1) just　　(2) already

3 (1) already　　(2) just

1 (1) received[got / gotten]
(2) made[cooked]
(3) just
(4) got[gotten]
(5) has cleaned
(6) arrived[got / gotten]

2 (1) have just met him
(2) They have already found the answer

3 (1) Tom has just left the station.
(2) Ken has already finished his breakfast.

4 (1) I have[I've] just bought this pen.
(2) Jane has already washed her

car.

5 has eaten

1 (1) 「受け取ったところです」より, 現在完了の〈完了〉の文なので〈have[has]＋過去分詞〉の語順。

(2) 「作る」makeの過去分詞はmade。cookの過去分詞cookedも可。

(3) 「ちょうど」justはふつう過去分詞の前に置く。

2 (2) 「すでに」alreadyはふつう過去分詞の前に置く。

3 (1) Tomは三人称単数なので, haveをhasに変える。「トムはちょうど駅を出たところです。」

(2) 「ケンはすでに朝食を終えました。」

5 Jane：Hey, Shinji. Would you like to go out to eat now?（ジェーン：やあ, シンジ。今から食事に出かけませんか。）

Shinji：Sorry, Jane. I'm full. I have eaten a lunch box.（シンジ：ごめんなさい, ジェーン。私はお腹がいっぱいです。私はお弁当を食べたところです。）

2 「まだ～していません」

確認問題 —————— 24 ページ

1 (1) have not washed

(2) has not eaten

2 (1) already　　(2) yet

3 ウ

練習問題 —————— 25 ページ

1 (1) have not

(2) has / watched[seen]

(3) hasn't bought

(4) haven't washed

(5) made[cooked] / yet

2 (1) まだ始まっていません

(2) まだ新聞を読んでいません

(3) この少年たちはまだ家を出ていません。

3 (1) Mr. Sato has not[hasn't] come to the park.

(2) I haven't[have not] written this letter yet.

(3) Sam hasn't[has not] heard the news.

4 （A）

1 (3)(4) 空所の数から, それぞれhas not, have notの短縮形hasn't, haven'tを使う。

3 (2) 「まだ」yetはふつう文末に置く。

(3) Samは三人称単数なのでhaven'tをhasn'tに変える。

4 （問題文）Did you do your homework?（あなたは宿題をやりましたか。）

（A）すみません, 私はまだ宿題を終えていません。

（B）問題ありません。私が両親に伝えます。

3 「（もう）～しましたか」

確認問題 —————— 26 ページ

1 (1) Have you finished

(2) Has he read

2 (1) もう / 着きましたか

(2) もう手紙を書きましたか

3 もう宿題を終えましたか

練習問題 —————— 27 ページ

1 (1) Has

(2) Have / Yes / have

(3) Has / No / hasn't

2 (1) you taken a bath yet

(2) Has she eaten lunch yet

3 (1) Have you taken pictures?

(2) Has Tom washed the dishes yet?

4 Have you eaten

1 (1) 「もう～しましたか」とcalledより, 現在完了の〈完了〉の疑問文と考える。主語がheなのでhasを使う。

(2)(3) 現在完了の疑問文にはhave[has]を使って答える。

2 「もう」yetは文末に置く。

3 (1) 現在完了の〈完了〉の疑問文なので〈Have＋

主語＋過去分詞　〜?〉の語順。「あなたは（も
う）写真を撮りましたか。」

4 （問題文）Hey, Mary. Have you eaten lunch
yet?（やあ, メアリー。あなたはもうお昼ご飯は
食べましたか。）
Mary：No, I have not. Why do you ask?（メ
アリー：いいえ, まだです。どうして聞くのです
か。）
I want to eat lunch with you.（私はあなたと
お昼ご飯を食べたいです。）

4 「（ずっと）〜しています」

確認問題 ──────── 28 ページ

1 lived
2 (1) have (2) has
3 (1) since (2) for

練習問題 ──────── 29 ページ

1 (1) waited (2) has stayed
  (3) studied / since
  (4) worked / for
2 (1) have been here since this
  (2) She has wanted a new bike
      since
3 (1) 3日間（ずっと）忙しいです
  (2) 2005年から（ずっと）
4 （C）

練習問題の解説
1 (2) 主語heは三人称単数なのでhasを使う。
      stayの過去分詞stayedを続ける。
  (3) 「〜から」はsinceを使う。
2 (1) 「ここにいる」はbe動詞の過去分詞beenを
      使ってbeen hereと表す。
4 （問題文）Hey, Takeru. Why are you good
  at skiing? You didn't fall down today.
  （やあ, タケル。君はどうしてスキーが上手な
  のですか。君は今日転びませんでした。）
  Takeru：I have lived in Niigata since last
  year, and I often go skiing.（タケル：僕は去年
  から新潟に住んでいて, よくスキーに行きま
  す。）

5 「（ずっと）〜していません」

確認問題 ──────── 30 ページ

1 have
2 (1) haven't (2) hasn't
3 (1) 今朝から（ずっと）教室にいません
  (2) （ずっと）ピアノを弾いていません

練習問題 ──────── 31 ページ

1 (1) not caught (2) has not
  (3) hasn't been / for
2 (1) have not written letters for
  (2) I haven't met my brother since
3 (1) My father has not[hasn't]
      worked at the library for ten
      years.
  (2) She has not[hasn't] eaten
      sushi since then.
4 （A）

練習問題の解説
1 (3) 空所の数からhas notの短縮形hasn'tを入
      れる。否定文でも過去分詞のbeenは原形には
      戻さない。
3 現在完了の否定文は〈have[has] not＋過去分
  詞〉の語順。
4 （問題文）You've lost weight.
  What happened to you?
  （君は痩せましたね。何があったのですか。）
  (A)私は昨日から何も食べていません。
  (B)私は昨日から何も運動していません。

6 「（ずっと）〜していますか」

確認問題 ──────── 32 ページ

1 Have
2 have / haven't
3 long have they

練習問題 ──────── 33 ページ

1 (1) Have / used (2) How long
  (3) Has / for
2 (1) Have you been sick since
  (2) How long have Miho and Ken
      known you

3 (1)　勉強していますか

　　(2)　どのくらいの間／していますか

4 (1)　Has Mr. Ito taught math since 2002?

　　(2)　How long have they been in Kyoto?

5 （A）

練習問題の解説

1 (2)　「どのくらいの間」と期間をたずねるので how longで文を始める。

2 (1)　「ずっと具合が悪い」はbe動詞の過去分詞 beenを使ってhave been sickと表す。

4 (2)　期間をたずねるのでhow longで文を始め，完了の疑問文〈have[has]＋主語＋過去分詞 ～?〉を続ける。主語がtheyなのでhaveを使う。

5 （問題文）Jack：Hey, Ken. How long have you played soccer?（ジャック：やあケン。君はどれくらいサッカーをやっているのですか。）Ken：I have played soccer for ten years. How about you, Jack?（ケン：僕はサッカーを10年間やっています。ジャック，君はどうですか。）Jack：I have played soccer for a year.（ジャック：僕はサッカーを1年間やっています。）

7　「（ずっと）～し続けている」

確認問題 ──────────── 34 ページ

1 (1)　waiting

　　(2)　been writing

2 (1)　have been studying math for

　　(2)　has been working for

　　(3)　How long has she been

3 (1)　has been singing

　　(2)　How long have / been

練習問題 ──────────── 35 ページ

1 (1)　have been studying / since

　　(2)　has been running / for

2 (1)　has been reading this book for a week

　　(2)　It has been raining since last week

　　(3)　How long have you been staying in Japan

3 (1)　have been waiting

　　(2)　long have / been eating

4 （A）

練習問題の解説

1 (1)　sinceの後ろは過去の一時点が置かれる。

　　(2)　for の後ろは期間が置かれる。

2 (2)　天気の話をするときはItを主語にする。

　　(3)　How longの後ろは〈have＋主語＋～ing〉の語順。

4 （問題文）How long have you been writing this report?（あなたはこのレポートをどのくらい書き続けていますか。）

　　（A）私はそれを5時間書き続けています。

　　（B）私はそれを5時間勉強し続けています。

8　現在完了形のまとめ

確認問題 ──────────── 36 ページ

1 (1)　have eaten　　(2)　Have

2 (1)　have never heard this song

　　(2)　you ever used this tool

3 (1)　has been practicing

　　(2)　long have you been playing

練習問題 ──────────── 37 ページ

1 (1)　has left

　　(2)　has already cleaned

2 (1)　have climbed the mountain once

　　(2)　hasn't read the newspaper yet

　　(3)　Have you ever seen the movie

3 (1)　haven't eaten[had] / since

　　(2)　have seen / twice

　　(3)　has been writing / for

4 （B）

練習問題の解説

1 (1)　leaveの活用はleave-left-left。

2 (1)　1回は英語でonce。

　　(2)　yetはふつう文末に置く。

　　(3)　everの位置に注意。

3 (1) 「食べる」はeatまたはhaveでもよい。

　　(2) 2回は英語でtwice。

　　(3) 現在完了進行形は〈have＋been＋〜ing〉の語順。

4 (問題文)Have you ever been to Europe?
（ヨーロッパへ行ったことはありますか。）

　　(A) 私のいとこがヨーロッパに住んでいます。

　　(B) 私は1回ヨーロッパに行ったことがあります。

第5章　いろいろな構文

1 It is … to ~「〜することは…だ」

確認問題 ──────── 38 ページ

1 It

2 イ

3 is not easy to get up early

練習問題 ──────── 39 ページ

1 (1) It / to use　(2) It / to swim

　　(3) It / for / to

2 (1) It is necessary to recycle paper

　　(2) Is it better to do my homework now

3 (1) 私が自転車に乗ることは難しかったです。

　　(2) 彼らが試合に勝つことは簡単ではありません。

4 (1) It / to　(2) It / to

5 (A)

練習問題の解説

1 (1) 〈It is … to~〉の語順。

3 (1) 過去形のwasに注意。

　　(2) not easyなので，「簡単ではない」「易しくはない」。

4 (1)(2) Itはto以下を指す。

5 (問題文)Is it difficult for children to use a smartphone?（子供たちがスマートフォンを使うことは難しいですか。）

　　(A)いいえ，難しくありません。

　　(B)はい，彼らはします。

2 「（人）に〜してほしい」

確認問題 ──────── 40 ページ

1 (1) 医者になりたいです

　　(2) あなたに医者になってほしいです

2 asked me

3 tell him to read this book

練習問題 ──────── 41 ページ

1 (1) asked / to　(2) told / to

2 (1) want my sister to teach

　　(2) told them to practice tennis hard

　　(3) asked me to help him

3 (1) 私はあなたにパーティーに参加してほしいです。

　　(2) トニーはジェーンに自分に手紙を書いてくれるように頼みました。

　　(3) 私の母はその女性にあいさつするように私に言いました。

4 me to

練習問題の解説

1 (1) 〈ask＋人＋to＋動詞の原形〉の語順。

　　(2) 〈tell＋人＋to＋動詞の原形〉の語順。

2 (1) 〈want＋人＋to＋動詞の原形〉の語順。

　　(2) hardは「（一生）懸命に」という意味。

3 (3) say hello to 〜で「〜にあいさつをする」という意味。

4 (問題文)Kota: What did your mother want you to do?（コウタ：あなたのお母さんはあなたに何をしてほしかったのですか。）

Mai: She wanted me to clean my room.
（マイ：彼女は私に部屋を掃除してほしかったのです。）

3 「(人)に〜させる」
「(人)が〜するのを助ける」

確認問題 ──────── 42 ページ

1 (1) introduce　(2) wash
2 (1) let me know your address
　(2) helped my mother cook lunch
3 (1) Let / take
　(2) helped / understand

練習問題 ──────── 43 ページ

1 (1) go　(2) clean
2 (1) let me hear your voice
　(2) helped me move this desk
3 (1) helped / write
　(2) let / know
4 (1) 私にそれをやらせてください。
　(2) 彼女は子供たちが服を着替えるのを
　　手伝いました。
5 did

練習問題の解説

1 (1) 〈let＋人＋動詞の原形〉で「人に〜させる」
　「人が〜するのを許す」という意味。
　(2) 〈help＋人＋動詞の原形〉で「人が〜するの
　　を手伝う」という意味。
2 (2) move this desk「この机を動かす」
3 (2) let me know 〜で「〜を私に知らせてくだ
　さい」という意味になる。
4 (2) change one's clothes「〜の服を着替え
　る」
5 (問題文)Who helped you carry these
　boxes?(あなたがこれらの箱を運ぶのを誰が手
　伝いましたか。)

4 間接疑問文

確認問題 ──────── 44 ページ

1 who she is
2 what this is
3 who wrote

練習問題 ──────── 45 ページ

1 (1) where　(2) when
　(3) who

2 (1) Emi knows why Ken said so.
　(2) Please tell me who that woman
　　is.
　(3) I don't know where I should go.
3 (1) 彼の誕生日がいつか
　(2) トムがどこに行ったか知りたいです
　(3) あなた(たち)は彼女がどうやって歌
　　手になったか知っていますか。
4 (B)

練習問題の解説

2 (1) Emi knowsのあとにwhyから始まる間接
　疑問を続ける。疑問詞whyのあとは〈主語＋動
　詞〉の語順。過去の文なので, sayをsaidに変え
　ることに注意。
3 (3) how「どうやって」は方法・手段を表す。
4 (問題文)Hey, Mary. Please tell me where
　Jack is. He skipped cleaning the
　classroom, so I have to find him. (やあメア
　リー。ジャックがどこにいるのか教えてくださ
　い。彼は教室の掃除をサボったから, 私は彼を見
　つけないといけません。)

5 「(人)に〜を伝える」

確認問題 ──────── 46 ページ

1 (1) he is　(2) would come
2 (1) tell me what it is
　(2) asked her father when he
　would go

練習問題 ──────── 47 ページ

1 (1) she stayed　(2) I was doing
2 (1) told my friends why I liked the
　singer
　(2) asked his father how he should
　use it
3 (1) told / what / should
　(2) asked / why / would
4 (1) her son where he was going
　(2) me how I should answer the
　question
5 (A)

確認問題の解説

1 (1) whoの後ろは主語＋動詞の語順。
　(2) askedが過去形なので，後ろも過去形の
　　　wouldにする。

練習問題の解説

1 (1) whereの後ろは主語＋動詞の語順。
5 (問題文)Can you tell me how I should
　study English?(どのように英語を勉強するべ
　きか教えてくれますか。)
　(A)あなたは毎日教科書を読むべきです。
　(B)私は明日英語を勉強します。

第6章 名詞を修飾する形

1 現在分詞「…している～」

確認問題 ——————— 48ページ

1 (1) playing　　(2) taking
　(3) swimming
2 (1) running　　(2) walking
3 (1) cleaning　　(2) reading

練習問題 ——————— 49ページ

1 (1) dancing　　(2) using
　(3) cooking
2 (1) ア　　　　　(2) イ
3 (1) washing the car is my father
　(2) The cat sleeping on the bed is
　　　ours
　(3) The boy drinking water is
　　　Yuka's brother
4 (A)

練習問題の解説

1 (1) 現在分詞1語が後ろの名詞を説明する形。
　(2)(3) 〈現在分詞＋語句〉が前の名詞を説明する
　　　形。
3 (2) 「ベッドの上で眠っているネコ」が主語。
　　　sleeping on the bedをthe catのあとに続
　　　ける。
4 (問題文)I really like his voice. Who is that
　singing boy?(私は本当に彼の声が好きです。あ
　の歌っている男の子は誰ですか。)
　(A)彼の名前はジャックです。

(B)私は彼の声が好きではありません。

2 過去分詞「…された～」

確認問題 ——————— 50ページ

1 (1) spoken　　(2) taken
　(3) made
2 (1) cleaned　　(2) washed
3 (1) broken　　(2) used

練習問題 ——————— 51ページ

1 (1) given　　(2) built
　(3) covered
2 (1) ア　　　　(2) エ
3 (1) invited to the party
　(2) The cooked fish was very big
　(3) The song sung by those boys is
　　　my favorite
4 (A)

練習問題の解説

1 (2) 〈過去分詞＋語句〉が前の名詞を説明する。
　　　buildの過去分詞はbuilt。
2 (1) 過去分詞broken1語なので，名詞clockの
　　　前に置く。「壊された時計は古かったです。」
　(2) 〈過去分詞＋語句〉なので，名詞cakeの後ろ
　　　に置く。「これは私の母によって作られたケー
　　　キです。」
3 (2) 「料理された」cooked1語で名詞fishを説明
　　　するので，cookedはfishの前に置く。
4 (問題文)This cooked fish is very big. I
　have never eaten such a big one. Where
　did you buy it?
　I bought it at a supermarket.
　(この調理された魚はとても大きいです。私はこ
　んなに大きい魚は食べたことがありません。ど
　こで買ったのですか。スーパーマーケットで買
　いました。)

第7章　関係代名詞

1　名詞を修飾する文〈名詞＋主語＋動詞〉

確認問題 ——————— 52 ページ

1 私が昨夜見たサッカーの試合
2 are
3 (1) イ　　　　　　(2) イ

練習問題 ——————— 53 ページ

1 (1) many children visit
   (2) I am carrying
   (3) bought for
2 (1) some books Murakami Haruki
       wrote
   (2) likes the cake her mother
       makes
   (3) The pictures you draw are
       beautiful
3 (1) Jim wrote is　(2) you saw
4 (A)

練習問題の解説

1 (1)(2) 〈主語＋動詞〉を入れる。
   (3) 「買ってくれた」より過去形boughtにする。
2 (3) 「あなたが描く」you drawを名詞pictures
      の後ろに置く。
3 (1) もとの文は「ジムはこの物語を書きました。
      それはわくわくします。」という意味。「ジムが
      書いたこの物語はわくわくします。」という文
      にする。
   (2) もとの文は「私はその少年を知っています。
      あなたは昨日，彼に会いました。」という意味。
      「私はあなたが昨日会った少年を知っていま
      す。」という文にする。
4 (問題文)I'm really happy today.
   What's going on?
   I was able to buy a new book Murakami
   Haruki wrote.
   (私は今日とても嬉しいです。どうしたんです
   か。村上春樹が書いた新しい本を買えたんです。)
   (A)幸運でしたね。私がそれを買いに行ったとき，
   それはもうなくなっていました。
   (B)わぁ，あなたは村上春樹に会ったことはあり

ますか。

2　関係代名詞 who「～する人」

確認問題 ——————— 54 ページ

1 who
2 boy who swims
3 (1) plays　　　　(2) is

練習問題 ——————— 55 ページ

1 (1) who　　　　(2) who is
   (3) who teach　(4) who came
2 (1) ウ　　　　　(2) ア
3 (1) She is a musician who travels
   (2) The girl who wrote this story is
       Emi
4 (A)

練習問題の解説

1 (2) 先行詞は「少年」the boy。「走っている」なの
      で，現在進行形〈be動詞＋動詞のing形〉にする。
2 (1) I saw a baby「私は赤ちゃんを見ました」
      で文が完成しているので，was sleeping以下
      がbabyを説明していると考えるとa babyが
      先行詞。その後ろに関係代名詞whoを入れる。
      I saw a baby who was sleeping on the
      bed.
   (2) 「英語の歌を歌っている」が「少年」を説明し
      ているので，The boyを先行詞と考えてその
      後ろに関係代名詞whoを入れる。The boy
      who is singing an English song is John.
4 (問題文)Hello, everyone. My name is Jack.
   I have a brother who is good at math.
   Thanks to him, I've recently gotten good
   at math. Thank you.
   (みなさん，こんにちは。私の名前はジャックで
   す。私には数学が得意な兄弟がいます。彼のおか
   げで，最近私は数学が得意になりました。ありが
   とう。)

3 関係代名詞 which「〜するもの」

確認問題 ──────── 56 ページ

1 which
2 dog which runs
3 (1) has　　　(2) go

練習問題 ──────── 57 ページ

1 (1) which　　　(2) which is
　 (3) which is　　(4) which is
2 (1) イ　　　　　(2) ウ
3 (1) The cat which has long hair is
　　　 mine
　 (2) These are things which were
　　　 left
　 (3) He bought a car which was
　　　 made in Japan
4 (B)

練習問題の解説

1 (3) 先行詞はthe signで三人称単数かつ現在の
　　　 文なので,「〜にある」はbe動詞isを使う。
　 (4) 「読まれている」と受け身なので,〈be動詞＋
　　　 過去分詞〉で表す。先行詞はthe bookで現在の
　　　 文なので, be動詞はisになる。
2 (2) 「あれは新しい店です」と,「先週開店した」
　　　 に分けて考える。この2つのかたまりをつな
　　　 ぐ部分(storeの後ろ)に関係代名詞を入れる。
3 (2) 「これらはものです」と「机に残された」に分
　　　 けて考える。thingsのあとにwhichを置いて,
　　　 「残された」were leftを続ける。
4 (問題文)Hey, Mary. What kind of books do
　 you like?
　 I like books with a small number of pages.
　 How about you, Jack?
　 I like books which have many illustrations.
　 (やあメアリー。君はどんな本が好きですか。私
　 はページ数が少ない本が好きです。ジャック, あ
　 なたはどうですか。僕はたくさんのイラストが
　 ある本が好きです。)
　 (質問)ジャックはどんな本が好きですか。
　 (A)彼はページ数が少ない本が好きです。
　 (B)彼はたくさんのイラストのある本が好きで
　 す。

4 関係代名詞 that「〜する人［もの］」

確認問題 ──────── 58 ページ

1 that
2 house that has
3 that

練習問題 ──────── 59 ページ

1 (1) that　　　(2) that has
　 (3) that
2 (1) イ　　　　(2) ア
3 (1) The boys that are sitting there
　　　 are my classmates
　 (2) I saw the cats that were saved
　　　 by Tom
4 I have a friend that lives in Canada.
5 (B)

練習問題の解説

1 (2) 先行詞はthat parkで三人称単数かつ現在
　　　 の文なので, 関係代名詞thatのあとの動詞は
　　　 hasにする。
2 (2) 「これらの写真」と「ケンによって撮られた」
　　　 に分けて考える。この2つのかたまりをつな
　　　 ぐ部分(picturesの後ろ)に関係代名詞を入れ
　　　 る。
3 (1) 先行詞the boysのあとにthatを置いて「そ
　　　 こに座っている」と説明する。「そこに座って
　　　 いる」は現在進行形であることに注意する。
　 (2) 先行詞はthe cats。「私はネコを見ました」
　　　 と「トムによって救われた」をthatでつなぐ。
　　　 「トムによって救われた」は受け身の形にする。
5 (問題文)Nana is a student that likes math.
　 However, she is not good at math.
　 (ナナは数学が好きな生徒です。ところが, 彼女
　 は数学が得意ではありません。)
　 (質問)ナナはどんな特徴がありますか。
　 (A)彼女は数学が得意ですが, 好きではありませ
　 ん。
　 (B)彼女は数学が得意ではありませんが, 好きで
　 す。

5 主語を説明する関係代名詞

確認問題 ──────── 60 ページ

1 which
2 who Mike likes is cute
3 that broke down yesterday is
working

確認問題の解説

3 Itをthatに変えて, that broke down
yesterdayを, 文の主語The machineの後ろに
置く。

練習問題 ──────── 61 ページ

1 (1) that I met[saw]
  (2) that he bought
2 (1) The students who she teaches
      are from China
  (2) The song which she sang is
      famous
3 (1) この写真を撮った女性は私の妻です。
  (2) 私たちが昨日見た映画は素晴らし
      かったです。
4 (1) The man that wrote this book is
      my uncle.
  (2) The shirts that he designed are
      popular.
5 (B)

練習問題の解説

2 (1) who she teachesが後ろからThe
      studentsを説明している。
5 (問題文)I'm looking for a camera which is
  useful.(私は便利なカメラを探しています。)
  (A)そのカメラはリサイクルされました。
  (B)この会社が作ったそのカメラは便利です。

6 関係代名詞のまとめ

確認問題 ──────── 62 ページ

1 who / that
2 which

練習問題 ──────── 63 ページ

1 (1) which   (2) who   (3) which

2 (1) その試合に勝った
  (2) マイクが今使っている
3 (1) I have a friend who plays
      soccer well
  (2) This is the letter which my
      uncle sent to me
  (3) The people who I met in Korea
      were nice
4 (例)the shop which is famous in
  Tokyo

練習問題の解説

2 (1) who won the matchが先行詞のthe
      tennis playerを説明している。
  (2) which Mike is using nowが先行詞のThe
      computerを説明している。
4 (問題文)Where do you want to go?
  (あなたはどこに行きたいですか。)

第8章   仮定法

1 I wish I could〜「〜できればいいのに」

確認問題 ──────── 64 ページ

1 (1) could   (2) had
2 (1) タイムマシンを持っていればいいの
      に。
  (2) それが本当ならいいのに。
3 (1) wish / were
  (2) wish / had

練習問題 ──────── 65 ページ

1 (1) could   (2) had
2 (1) wish it were not cold today
  (2) wish I had more time
3 (1) wish / knew
  (2) wish / had
4 (1) 私に妹がいればいいのに。
  (2) もっと速く走ることができればいい
      のに。
5 (B)

練習問題の解説

2 (1) wishの後ろのbe動詞はwereなので, isが不
      要となる。

13

(2) wishの後ろは動詞の過去形になるので,haveが不要となる。

5 (問題文)Can you speak Japanese?(あなたは日本語を話せますか。)

(A)日本人はとても親切です。

(B)少し話せます。しかし,もっと上手に日本語を話せればいいのですが。

2 If I were 〜, I would 〜「もし〜ならば,〜するだろう」

確認問題 ──────── 66 ページ

1 (1) were / would
(2) were / could

2 (1) were taller, I could see
(2) were you, I would stay

3 (1) were / could
(2) were / would wait

練習問題 ──────── 67 ページ

1 (1) were / could
(2) were / would

2 (1) I were rich, I could stay longer
(2) I were not busy, I would help you
(3) I were you, I would marry him

3 (1) were you / would go
(2) were / could show

4 (1) もし私があなたなら,病院に行くだろう。
(2) もしこの車が私のものなら,それをあなたにあげることができるのに。

5 (A)

練習問題の解説

2 (1) stay longerで「もっと長く滞在する」という意味。

3 (1) go to see 〜で「〜に会いに行く」と言う意味。

5 (問題文)Can you play soccer?(あなたはサッカーをすることはできますか。)

(A)いいえ。もし私が若ければ,サッカーをすることができるのですが。

(B)もし私があなたなら,野球をするでしょう。

3 「もし…が〜すれば,…は〜するだろう」

確認問題 ──────── 68 ページ

1 (1) had / would
(2) would / had

2 (1) had a smartphone, I could e-mail her
(2) would you do if you saw a bear

3 (1) had / could buy
(2) would / do / were

練習問題 ──────── 69 ページ

1 (1) had / could
(2) studied / would

2 (1) I had a car, I could go to see my grandfather
(2) he were asked, he would go there
(3) would he do if he lost his job

3 (1) knew / would speak[talk]
(2) practiced / would be[become]

4 (1) もし私の腕がもっと長ければ,良いバレーボール選手になるだろうに。
(2) もし彼がいい仕事につけば,彼は彼女と結婚できるのに。

5 (A)

確認問題の解説

2 (1) e-mailは動詞で「Eメールを送る」という意味。

練習問題の解説

2 (1) go to see 〜「〜に会いに行く」という意味。
(3) lose one's job「仕事を失う」

3 (1) speak to 〜= talk to 〜で「〜に話しかける」という意味。
(2) 「〜になる」はbeまたはbecome。

5 (問題文)What would you do if you met Santa Claus?(もしサンタクロースに会ったらどうしますか。)

(A)私は彼からたくさんのプレゼントをもらうでしょう。

(B)サンタクロースは世界でとても有名です。

4 仮定法のまとめ

確認問題 ──────── 70 ページ

1 (1) could　　(2) took / would
2 (1) wish I could go to the party
　　(2) I had enough time, I could help you
3 (1) wish / had
　　(2) were / could pass

練習問題 ──────── 71 ページ

1 (1) were　　(2) were / would
2 (1) I had a map, I would lend it to you
　　(2) wish my father stopped smoking
　　(3) I knew her address, I would write a letter to her
3 (1) would be
　　(2) were / could go
4 (1) 雨が降っていなければ, 私は買い物に行けるのに。
　　(2) もっと背が高ければ, 私はもっとうまいバスケットボールの選手になれるのに。
5 would fly

練習問題の解説

2 (2) stop ～ingで「～するのをやめる」という意味。
　　(3) write a letter to ～で「～に手紙を書く」という意味。
3 (2) go skiingで「スキーに行く」という意味。
4 (1) go shopping「買い物に行く」
5 (問題文)Mina: John, What would you do if you had a lot of money?(ミーナ:ジョン, もしあなたがたくさんのお金をもっていたらどうしますか。)
John: I would fly to Europe with my family. (ジョン:僕は家族と一緒に飛行機でヨーロッパへ行くでしょう。)

第9章 いろいろな表現

1 たずねるときの表現

確認問題 ──────── 72 ページ

1 (1) 図書館までの行き方
　　(2) どのくらい時間がかかりますか
2 (1) How　　(2) long / take
3 (1) how to　　(2) long / take

練習問題 ──────── 73 ページ

1 (1) How　　(2) tell / say
2 (1) you tell me how to play the piano
　　(2) can I spell the word
　　(3) long does it take to go to church
3 (1) tell me how
　　(2) does it take
4 (1) このドアの開け方を教えてくれませんか。
　　(2) その仕事を終えるのにどのくらい時間がかかりますか。
5 (A)

練習問題の解説

1 (2) Can you tell me ～「～を教えてくれますか」という意味。「単語を言う」はtellではなくsayを使う。
5 Could you tell me how to use this smartphone?(このスマートフォンの使い方を教えてくれませんか。)
(A)いいですよ。何を知りたいですか。
(B)スマートフォンは若者の間でとても人気があります。

2 提案するときの表現

確認問題 ──────── 74 ページ

1 ア
2 (1) thank you　　(2) please
3 Why / we

練習問題 ──────── 75 ページ

1 (1) about　　(2) thank you

(3) Let's eat[have]
2 (1) ア　　　　　(2) イ
3 (1) （一緒に）踊るのはどうですか
(2) 食べ始めてはいかがですか
4 Let's meet at five. /
Shall we meet at five? /
Why don't we meet at five?
5 tea

1 (1) 「～はどうですか」とすすめるときはHow
[What] about ～?で表す。
2 (1) 「～したい」はwould like to ～で表せる。
3 (1) How aboutのあとに動詞のing形があるの
で,「～するのはどうですか」とする。
(2) Would you like to ～?は「～してはいかが
ですか」と訳す。
4 相手を誘うときは, Let's ～. / Shall we ～? /
Why don't we ～?で表せる。
5 （問題文）Yuka:Tomo, would you like to have
a cup of coffee? （ユカ：トモ, コーヒーを一杯
いかがですか。）
Tomo:Thanks Yuka, but I'm sorry. I can't
drink coffee.（トモ：ありがとう, ユカ。だけどご
めんなさい。私はコーヒーが飲めません。）
Yuka:Hmm, can you drink tea? （ユカ：うー
ん, 紅茶は飲めますか。）
Tomo:Yes, I can. I love tea. （トモ：はい, 飲め
ます。紅茶は大好きです。）
Yuka:OK, I will make you tea. （ユカ：わかり
ました, 紅茶を作ります。）

3　自分の意見を主張する①
確認問題 ──────── 76 ページ

1 (1) think　　(2) do / think
(3) have / reasons

練習問題 ──────── 77 ページ

1 ① think that　　② two reasons
③ First　　④ Second
2 ① do / think
② have / reasons
③ First　　④ Second

3 (A)

3 （問題文）Do you think that students should
take part in club activities?（生徒は部活に参
加するべきだと思いますか。）
(A)はい, そう思います。
(B)私はサッカー部に入ります。

4　自分の意見を主張する②
確認問題 ──────── 78 ページ

1 (1) see / point
(2) may / true
(3) interesting idea
2 (1) see　　(2) may
(3) interesting

練習問題 ──────── 79 ページ

1 (1) point　　(2) idea
2 (1) may be true, but nobody will
believe it
(2) see your point, but you should
think about another side
(3) is an interesting idea, but
people won't like it
3 (1) your point
(2) interesting / but
4 (1) あなたの言うことはわかるが, 私た
ちは他のことを考える必要がある。
(2) それは興味深い考えだが, 私たちが
それをする必要はない。
5 (A)

4 (1) think about other thingsで「他のことを
考える」という意味。
(2) don't have to ～で「～する必要はない」と
いう意味。
5 （問題文）We should do it.（私たちはそれをす
るべきです。）
(A)あなたの言うことはわかりますが, 私たちは
それをすべきではありません。
(B)それは興味深い考えでしたが, 私たちはそれ
をすることができませんでした。